RUBÉN DARÍO
ANTOLOGÍA POÉTICA

 Biblioteca clásica
y contemporánea

RUBÉN DARÍO

ANTOLOGÍA POÉTICA

Prólogo y selección de
GUILLERMO DE TORRE

EDITORIAL LOSADA, S.A.
BUENOS AIRES

BIBLIOTECA CLÁSICA Y CONTEMPORÁNEA

7ª edición: septiembre 1996

© Editorial Losada S. A.
Moreno 3362,
Buenos Aires, 1966

Tapa: Departamento de Producción

ISBN: 950-03-0208-X
Queda hecho el depósito que marca la ley 11.723
Marca y características gráficas registradas en la
Oficina de Patentes y Marcas de la Nación
Impreso en Argentina
Printed in Argentina

PRÓLOGO

VIGENCIA DE RUBÉN DARÍO

El primer poeta de nuestra lengua que (en los verdes años de la adolescencia, cuando se posee intacta la sensibilidad para la lírica) yo leí y admiré con entusiasmo fue Rubén Darío. Mucha agua, oleadas desbordantes de lecturas heterogéneas, han pasado bajo el puente de los años en la vida de un escritor, y Rubén Darío sigue siendo uno de los contados poetas al que vuelvo sin desencanto ni fatiga. Desde los cincuenta años (1916), transcurridos tras su muerte, hasta 1967, en que se cumple un siglo de su nacimiento, el rostro de la poesía ha mudado de piel numerosas veces. Pero hay algo, un pigmento peculiarísimo, alguna célula inmutable en el rostro del "indio divino" (Ortega *dixit*) que soporta impávidamente saltos del gusto y metamorfosis estéticas.

Como quiera que apelar a ejemplos ajenos, teniendo el propio al alcance de la mano, resultaría artificioso, acépteseme una experiencia personal. Recordaré así cómo yo hube de introducirme en las letras por el portillo de la poesía —mediante presentación de la ritual tarjeta, un libro de versos—, marcando una reacción enérgica contra el rubendarismo. Antirrubendarismo fue el grito de guerra ultraísta. Pero léase bien: la consigna no fue contra Rubén Darío, sino contra su epigonía desvitalizada, contra el oropel y la percalina en que se había trocado su azul y su púrpura, contra el descolorido aguachirle en que habían degenerado unos símbolos y una retórica caídas en manos de zagueros sin personalidad.

Razón del modernismo

Aunque de forma muy somera ya he vuelto a contar últimamente (bajo el epígrafe "Cuando acaba el modernismo", en el capítulo "Ultraísmo" de mi *Historia de las literaturas de vanguardia*) cómo se produjo aquel episodio. El estado de espíritu antimodernista —o más exactamente, por antonomasia, antirrubeniano— con que se definió inicialmente el ultraísmo, más aun, determinó su génesis, ya venía incubándose desde 1907: fecha que yo fijé un poco azarosamente, pero que luego convalidaron Guillermo Díaz-Plaja y Donald F. Fogelquist. En efecto, tras los Villaespesa, los Carrère y similares, una cohorte de segundones, "tercerones" más bien, agravó "la agonía del ciclo modernista, exprimiendo hasta el agotamiento sus ya flacas ubres y convirtiendo en tópicos desmonetizados sus temas y su jerga retórica".

Conste, sin embargo, que el modernismo de 1900 no había sido una "desviación" —según quisieron hacer creer después los teóricos o apologistas del grupo poético de 1927—, no quebró ninguna tradición valedera; antes al contrario, hubo de marcar una reacción necesaria, vital, salvadora, frente al acartonamiento de la poesía y la prosa en los finales del siglo XIX. Fue un renuevo, como antes lo había sido el romanticismo respecto al neoclasicismo extenuado de fines del siglo XVIII, como lo fue lo renacentista frente a la Edad Media, y así hasta los orígenes. El "eternismo" de los modelos nunca fue hallado: es un sueño de las siestas académicas. Por consiguiente, la aportación de Rubén

Darío no puede minimizarse; la belleza que creó, frente a tantas otras de su fecha, muy ajadas, desafía severamente el "profundo hoy día" tan sacudido y cambiante. Hablo de lo que él consideraba como su poesía, "mía en mí", no de sus múltiples calcos y parodias, aunque fueran hechas en serio.

Poesía por excelencia

Hoy, al cabo de tantas vueltas y tornavueltas, tras haber peregrinado no por la "sagrada selva", sino por valles y aun desiertos que se nos fingían habitados, podemos verlo con mayor claridad que nunca. La poesía de Rubén Darío es una poesía por excelencia. No digo la única, no hablo de poesía pura o impura, tampoco hago deslindes entre poesía radicalmente subjetiva, metida en sí misma, o de ancho huelgo, pluralmente compartible; menos aun, me intrinco en apostillas sobre poesía de los sentidos y poesía del intelecto. Hablo de poesía sin más, que puede ser —¿por qué no?— poesía también literaria, pues hay que romper de una vez con el tabique divisorio entre "poesía" y "literatura", absurdo sobre todo cuando se quiere investir a la primera de todas las excelencias y hundir la segunda en el pozo de las abominaciones.

Más lógico fuera entender por "poesía literaria" la manufacturada, no la mentefacturada, es decir, aquella que se reduce a retórica mostrenca —vieja o nueva—, eco de ecos, vaciedad sonora. La poesía genuina bien pudiera aproximarse a aquella "cosa hermosa para siempre" ("a thing of beauty is a joy for ever" según el verso famoso de Keats), aun relativizando mucho los valores de "belleza" y "perennidad"; en suma, aquella poesía cuajada en palabras escogidas, pero con capacidad comunicativa, que se guardan en la memoria y reflejan estados de ánimo transmisibles, más allá de todo solipsismo. La poesía es incuestionablemente un lenguaje poético, pero no precisamente hermético. Acudan los gustadores de enigmas a la sibila de barrio o a los "thrillers" policíacos. Mas en esta defensa de la transparencia no se malentienda una justificación de la llaneza como adversa de la complicación, ya que los apologistas de una u otra manera incurren en pareja hipérbole y aberración.

Surtido de opiniones

Cuando Campoamor (*Poética*, 1883) escribía: "Así como hay que bajar el diapasón de la poesía, es necesario subir el de la prosa", no estaba muy lejos de la verdad. Pero cuando Wordsworth (*Preface to Lyrical Ballads*, 1800) manifiesta que "los poetas deben expresarse lo mismo que los demás hombres" se pasaba de la raya. También ha violado ese límite T. S. Eliot (*Selected Essays*) al sostener que "la poesía no puede permitirse perder el contacto con el lenguaje variable de los intereses comunes". Desde luego, más próximos a la verdad se hallaban E. A. Housman y S. T. Coleridge. El primero (*The Name and Nature of Poetry*, 1933) al escribir que "la poesía no es lo que se dice sino una manera de decirlo" y que "la poesía es más formal que intelectual"; el segundo (*Table Talk*, 1835) cuando definía la "buena prosa" como "las palabras exactas en los lugares justos" (o sea "le mot juste" que recomendaría Flaubert), y la "buena poesía" como "las más exactas en los lugares justos" añadiendo que aquí "el instrumento debe ser hermoso". Ahora bien, que el arte literario sea, como lo conceptuaba Paul Valéry (*Introduction a la Poétique*) una "derivación del lenguaje" equivale a conceder demasiado a los filólogos, como si ya no ejercieran demasiado predominio en las letras; que contrariamente "el poeta está fuera del lenguaje" según escribe Jean-Paul Sartre, y vea las "palabras del revés", es darle paradójicamente una patente de corso, y queriendo magnificar el funcionalismo del "compromiso" se proscriba toda finalidad de belleza.

Genio de la palabra

Mas aunque este rosario de referencias sobre el poeta y la función de la poesía pudiera prolongarse, vengamos ahora, sin más *"excursus"*, a Rubén Darío, tratando de captar su virtud capital. En las memorias *(Desde la última vuelta del camino)* de Pío Baroja —escritor cuya poderosa capacidad inventiva, su extraordinaria intuición de las realidades novelescas, se halla en el polo opuesto de una desinteligencia absoluta para comprender los fenómenos literarios y artísticos— hay cierta frase sobre el autor de *Prosas profanas,* expresada al desgaire, con intención desdeñosa, pero que hace diana. "Rubén Darío —escribe— sólo tenía genio verbal". ¡Ahí es nada! Cabalmente: genio verbal. Poseer el genio del idioma y acertar a cristalizarlo no en la vaguedad conceptual de la "palabra poética", "fundamento del ser" y otras hipérboles tipo Novalis-Heidegger, sino sencillamente en la palabra hermosa, espejo fidedigno de la emoción, del sentimiento personal y compartible al mismo tiempo: ¿no estará ahí el secreto tan buscado, tan manifiesto y recelado simultáneamente, de cualquier obra poética, literaria en general? ¿No se ha dicho en todos los tonos que sólo por el estilo —más allá del estilismo, por supuesto— se salvan y se transmiten las grandes creaciones? ¿No estará en la posesión de tal. virtud la razón del hechizo que mantiene vivas, memorables tantas poesías de Rubén Darío?

Signos o valores

Ahora bien, que la palabra tenga un valor por sí misma, dependa de su encuadre y su ritmo, o bien de su carga conceptual o emocional, que sea signo o contenido "significante" o "significado" (según la distinción de Saussure corregida por Dámaso Alonso), todo ello ya es una cuestión aparte, compleja y susceptible de controversias. Su discusión, en el caso de Rubén Darío, tiene historia: se remonta a los comienzos del siglo (1906), en que José Ortega y Gasset publica tres artículos (hoy en *Obras completas, I*), al margen de una antología de poetas en su mayoría modernistas. Reacciona allí contra la tendencia de éstos a "conceder a las palabras un valor sustantivo". Y escribe: "Las palabras son los logaritmos de las cosas, imágenes, ideas y sentimientos, y por lo tanto sólo pueden emplearse como signos de valores, nunca como valores". Para concluir: "Es la musicalidad de las palabras una fuerza de placer estético muy importante en la creación poética, pero nunca el centro de gravedad de la poesía". Proposición esta última que no puede asumir "fuerza" categórica y debe parangonarse con las opiniones antes transcritas, pertenecientes a los propios poetas. Mas Ortega remacha a seguido: "Para los poetas nuevos la Palabra es lo absoluto, como para los científicos la Verdad y para los moralistas el Bien".

Como quiera que fuere, el caso es que Rubén Darío hubo de sentirse aludido. Lo prueba cierto párrafo de las "Elucidaciones" que publicó poco después en el mismo lugar donde aparecieron los tres artículos de Ortega —*Los Lunes de El Imparcial*— y que luego antepuso a *El canto errante* (1906). Constituye su más extenso escrito teórico y merece ser leído despacio. Rubén Darío asiente, en principio: "Jamás he manifestado el culto exclusivo de la palabra por la palabra". Y tras reproducir las frases de Ortega: "De acuerdo —dice—, mas la palabra nace justamente en la idea, o coexiste con la idea, pues no podemos darnos cuenta de la una sin la otra". "En el principio está la palabra como única representación. No simplemente como signo, puesto que no hay antes nada que representar. En el principio está la palabra como manifestación de la unidad infinita, pero ya conteniéndola. *Et verbum erat Deum*. La palabra no es en sí más que un signo o una combinación de signos; mas lo contiene todo por la virtud demiúrgica". Vemos, pues, cómo Rubén Darío, tras un leve amago de modificación, vuelve a su punto de partida y se mantiene intacto en su exaltación del verbo. Hubiera renegado de sí mismo, de su más poderosa cualidad ingénita, si otra cosa hubiese escrito.

La rima y el don musical

Porque el don de la palabra poética equivalía en él al don musical. Y éste no era el reflejo sino de su sensibilidad extremada para el verbo, de su concepción del mundo como armonía superior más allá de toda discordancia. Ya en las "palabras liminares" de *Prosas profanas* puede leerse: "Como cada palabra tiene un alma, hay en cada verso, además de la armonía verbal, una melodía ideal. La música es sólo de la idea, muchas veces". Pero debe sobrentenderse que esta "música de la idea" se hace más captable mediante la música del verso, instrumento peculiar del poeta. Y lo musical se expresa en Rubén Darío no por la mera acústica, sino mediante los acordes dominantes de la rima, de la aliteración, de la similicadencia, del escandido propios del verso. Sean cuales fueren las debilidades, inclusive los estragos de la rima, debido al abuso de quienes la toman por trampolín en el vacío, la rima es piedra maestra del arco poético cuando éste se concibe dentro de una arquitectura orgánica. No importa que uno de los poetas maestros de Darío, como fue Verlaine, aplicara a la rima este epíteto desdeñoso: "ce bijou d'un sou". Pero aun por esta simple aliteración se salva.

Al decir esto no canto ninguna palinodia, pues veo este punto, lejos de toda relación práctica con la poesía, con perfecta objetividad. Por ello puedo recordar, con finalidad estrictamente histórica, los pasos de cierto pleito relacionado con este tema. En la primera edición de mis *Literaturas europeas de vanguardia* (1925) yo acentuaba el descrédito, entonces imperante, de la rima, explicándolo como una consecuencia del purismo al que había llegado la poesía: "Al haber realizado un total despojo de los elementos retóricos y anecdóticos, que como lianas ahogaban su cuello, la rima no pudo escapar de la poda y ha sido totalmente sacrificada". Primer paso había sido, en los finales del siglo XIX, el verso libre, o sea la ruptura de la igualdad silábica; en las primeras décadas del XX los caligramas, las palabras en libertad; todo ello originó la arritmia absoluta y su reemplazo por la nueva tipografía del espacio, o juego de blancos y escalonamientos, como sustitutivos del último atadero, la puntuación. Mas he aquí que transcurrido medio siglo la rima vuelve solapadamente mediante la identidad silábica.

Efectivamente, la rima se oculta, en la mayoría de los últimos poetas, pero se mantiene latente merced a la armonía acentual. ¿Qué significa eso? Merecería la pena que algunos de tantos peritos lingüísticos reflexionaran sobre el punto, pero sin demasiado confinamiento especialista, sin perder de vista la evolución, el entorno del fenómeno literario donde se inscribe. ¿Vendrá a ser la rima, en definitiva, como uno de esos personajes irreemplazables que desaparecen por una puerta y reaparecen por otra? Recuerdo que ya en uno de esos periódicos "retours à l'ordre", peculiares de las viejas literaturas, y en el mismo vórtice de la máxima efervescencia vanguardista, Jean Cocteau *(Le secret professionnel)* recomendaba la "vuelta a la rima, ese viejo estimulante de buena marca".

Uno de los escritores más influidos por Rubén Darío, Valle-Inclán, no vaciló en alabar los prestigios de la rima, pero no del consonante fácil, sino del difícil o singular. "La rima —dijo en 1932, al responder a una encuesta— no debe ser pobre; entonces es una puerilidad. Pero cuando la rima recae en palabras de profunda significación y de bella fonética provoca toda su gracia". O sea un punto de vista, una actitud rigurosamente opuesta a la de Antonio Machado, cuando muy conforme con su sayal de humildad, menospreciaba cualquier adorno, recomendando:

> *Prefiero la rima pobre,*
> *la asonancia indefinida.*

y también:

> *La rima verbal y pobre,*
> *y temporal, es la rica.*

Y dándole cierto aire programático, esta sentencia, muy recordada, con ambicioso propósito definitorio de la poesía:

Ni mármol duro y eterno
ni música ni pintura,
sino palabra en el tiempo.

Discrepancias temperamentales que sólo podemos entender y aceptar como tales, no como credos estéticos de validez general. Cada escritor tiende a convertir sus debilidades en fortalezas. El más empecinado en la exaltación de sus carencias fue Unamuno. Se recordará que, en materia de poesía, su ideal no era el vestido, sino el desnudo; no la belleza, mas la densidad. Quería fundir contrarios: "pensar el sentimiento" tanto como "sentir el pensamiento". Y en su "credo poético" llegaba a afirmar: "algo que no es música es la poesía". Esta simple frase explica su permanente desinteligencia con Rubén Darío y su hostilidad contra un arte radicalmente sensual como era el del autor del "Responso a Verlaine".

Un dechado poético

Acabo de mencionar la pieza rubendariana que yo tengo por su obra maestra. Veo en ella la condensación suprema de su genio verbal, de su incomparable sentido del lenguaje poético, cuajado en valores no sólo musicales, también ideográficos, plásticos y colorísticos. Además, fácil es entrever en tal "Responso", marcado en filigrana, una suerte de autorretrato. Al trazar una elegía del autor de *Sagesse*, el de *Prosas profanas* se define a sí mismo. El "Pan bicorne", el sátiro, el fauno, el centauro en que simboliza a Verlaine valen —parcialmente— por una semblanza estilizada, fantasmagórica que recoge algunos rasgos del propio Rubén Darío. Para ser una imagen verosímil de Verlaine le faltarían otras alusiones mitológicas, la de Baco, la del Andrógino. Y para simbolizar cabalmente a Rubén Darío éste hubiera necesitado agregar otras de su bien surtida panoplia mitológica. Pues ya se advierte que el poeta no hizo sino utilizar algunos elementos de los símbolos que más frecuentemente le obsedían, mezclando elementos paganos y cristianos en hábil mixtura. Arturo Marasso (*Rubén Darío y su creación poética*) levantó un minucioso inventario de sus fuentes y su simbología. Mas todo ello no traspasa la esfera de lo temático y deja intacta la averiguación, las claves del "milagro musical", los secretos eufónicos, rítmicos del *Responso a Verlaine*. Aquel ideal que Valle-Inclán apuntaba como meta de su ejercicio estético ("ayuntar dos palabras por vez primera") se realiza plenamente en dicha poesía.

¿Cómo pudo llegarse a tal relieve plástico, a tal pureza melódica, tan feliz coyunda de palabras no sólitas? Desde la invocación inicial:

Padre y maestro mágico, liróforo celeste
que al instrumento olímpico y a la siringa agreste
    diste tu acento encantador.
¡Panida! Pan tú mismo, que coros condujiste
hacia el propíleo sacro que amaba tu alma triste,
    ¡al son del sistro y del tambor!

hasta la estrofa final donde desaparece la fantasmagoría pagana y surge una visión luminosa y salvadora:

Y huya el tropel equino por la montaña vasta;
tu rostro de ultratumba bañe la luna casta
    de compasiva y blanca luz;
y el Sátiro contemple sobre un lejano monte
una cruz que se eleve cubriendo el horizonte
    ¡y un resplandor sobre la cruz!

Y entre medias el desfile de ofertas y homenajes con la estrofa más singular:

Que púberes canéforas te ofrenden el acanto,
que sobre tu sepulcro no se derrame el llanto,
sino rocío, vino, miel;
que el pámpano allí brote, las flores de Citeres,
y se escuchen vagos suspiros de mujeres
¡bajo un simbólico laurel!

Los aciertos verbales, las bellezas rítmicas son incontables y tanto valdría transcribir íntegro el poema, o al menos aislar algunos de sus más felices logros: "el áspero hocico de la fiera", "Pan bicorne", "el pájaro protervo" (o sea, el cuervo), la "virgen náyade", "la armonía sideral", y aliteraciones como el "culto oculto y florestal". Pero hay que desistir de tal descuartizamiento: el sistema pertenece en exclusividad a los pacientes cultivadores de la estilística, quienes al desarmar un conjunto lo pulverizan crudamente, sin restituírnoslo recognoscible, y menos aun sin explicar el porqué de su enhechizamiento, más allá de obviedades sobre la métrica y cosas semejantes. Indudablemente contribuye a mantener en tensión permanente esta poesía el difícil equilibrio de lo impar que había logrado el mismo Verlaine en su *Art poétique*, la difuminación o mezcla de lo "preciso" con lo "impreciso".

Podemos imaginar cómo sonaría esta taracea en los oídos de los lectores —recuérdese que el *Responso* está fechado en 1886— españoles e hispanoamericanos, acostumbrados a estrofas hechas con fondos de sentimientos domésticos y retazos de lugares comunes, de palabras desgastadas por el manoseo cotidiano. (No en vano se cita chistosamente la interrupción de aquel sujeto que al llegar al verso: *Que púberes canéforas te ofrenden el acanto,* exclamó: "De todo esto sólo he comprendido una palabra: *que.*) ¿Desde cuándo no se había escuchado una melodía semejante en castellano? En buena parte, los versos del *Responso* se fijan, se retienen en la memoria sustancialmente por la inusualidad y musicalidad de su vocabulario: por la misma razón que guardamos tantos de Góngora, así la descripción de Polifemo:

> *Negro el cabello, imitador undoso*
> *de las oscuras aguas del Leteo...*

Otro ejemplo

Me he detenido en un somero análisis del "Responso a Verlaine" por considerarlo una de sus proezas más perfectas. No es ésta la única superiormente representativa que pueda tenerse como dechado o paradigma de la poesía rubendariana. Más que en *Prosas profanas* sobreabundan en los *Cantos de vida y esperanza.*

Pero sin salir del primer libro citado, pocas páginas más allá del *Responso a Verlaine,* nos encontramos con otra poesía capital, *El reino interior.* La recordamos porque en sus estrofas ya no es la música el arte dominante, sino la pintura. En ellas se mezclan imágenes del Renacimiento y de los prerrafaelistas —ya ilustradas por Marasso—. Las doncellas de *La primavera* de Botticelli se enlazan con las de un cuadro de Burne-Jones, *La escalera de oro.* Recuérdese el anuncio del desfile de las siete doncellas que representan las siete virtudes.

> *¿Qué son se escucha, son lejano, vago y tierno?*
> *Por el lado derecho del camino adelanta,*
> *el paso, leve, una adorable teoría*

virginal. Siete blancas doncellas (...)
Alabastros celestes habitados por astros:
Dios se refleja en esos dulces alabastros...

Y después los siete mancebos, personificadores de los siete pecados capitales:

Al lado izquierdo del camino y paralela-
mente, siete mancebos —oro, seda, escarlata,
armas ricas de Oriente— hermosos, parecidos
a los satanes verlenianos de Ecbatana,
vienen también...

Descártese el convencionalismo alegórico de este fresco, más allá de su equivalencia pictórica, y se tendría, sin embargo, un cuadro maravillosamente compuesto.

Poeta continental

Que el mundo de la mitología, de la fábula, del puro ensueño ocupe tanto lugar en la obra de Rubén Darío no significa que deje de existir también una temática más directa y ligada a su experiencia vital, a las circunstancias de su vida y su tiempo. Veamos, pues, este otro mundo de sus motivaciones poéticas. En primer término, el más inmediato geográfica y espiritualmente, que es, por cierto, el que más se le discute o niega: el de América.

Suele repetirse a coro el comienzo de un ensayo de Rodó (datado en 1899), donde habitualmente se lee que "Rubén Darío no es el poeta de América". Pero, ante todo, el autor de *Ariel* no dijo tal cosa por cuenta propia. Empieza así exactamente: "No es el poeta de América" oí decir una vez (...) Tales palabras tenían sentido de reproche..." Rodó no parece compartirlas; simplemente le dan pie para sus digresiones.

Permítaseme intercalar aquí una propia. ¡Curioso fenómeno éste de la tendencia irrefrenable a la apropiación exclusiva por parte de los países que dan a luz —siempre excepcionalmente, sea cual sea su densidad histórico-literaria— una figura excepcional: la que precisamente funda su grandeza en rebasar la órbita nativa, en superar cualquier limitación nacional, llegando a ser la voz —como en el caso de Rubén Darío— no ya de un continente, sino de todo un mundo idiomático. ¿Quería decirse que el autor de *El canto errante* no era el poeta de Nicaragua? Desde luego, como tampoco el de El Salvador, ni de Guatemala, ni de Chile —donde comenzó a formarse—, ni tampoco el de la Argentina —donde se redondeó mentalmente—, ni siquiera el de España —que le prestó alas para su total expansión—. Si quisiéramos averiguar a fondo este punto de la forzada adscripción de Rubén Darío a un determinado lugar geográfico, deberíamos reflexionar previamente sobre un extraño fenómeno que yo llamaría —sin ofender a nadie— la fatal sujeción a América. ¿Dónde se vio nada parecido? ¿Acaso Polonia retuvo, reclamó alguna vez a Teodor Korzeniowski, o sea a Joseph Conrad, literato inglés? ¿Acaso Grecia reclamó a Papadiamantopoulos, o sea, Jean Moréas, poeta francés? ¿Acaso Suiza impuso limitación semejante en los casos de Rousseau y de Amiel? Y así también otros. La Argentina se afana en incorporarse a William Henry Hudson —literato de lengua inglesa— por la simple temática de algunos de sus libros.

Luego América parecería imponer a sus nativos una suerte de marchamo exclusivista, sobre todo póstumo, a reserva de la atención o el desdén que en vida haya podido otorgarles. En Angloamérica lo ilustra el caso de Henry James. En Hispanoamérica pudiera serlo —mas, felizmente, sólo en algún aspecto— el de Rubén Darío, ya que le favorecen de consuno la exigüidad de su país nativo y, contrariamente, la ancha dimensión de su obra.

Mas volvamos al ensayo de Rodó; éste empezaba por reconocer que "la América actual (la de 1899) es un suelo poco generoso para el arte", descartada la "naturaleza soberbia" y las "originalidades de la vida en los campos". Por ello "los poetas que quieren expresar en forma universalmente inteligible modos de pensar cultos y humanos deben renunciar a un verdadero sello de americanismo original". Pero ¿desde cuándo la originalidad debe buscarse en lo temático? Si así fuera, el poeta que debería haber señalado Rodó era su coterráneo montevideano, el gauchesco Bartolomé Hidalgo, o bien, más tarde, "el viejo Pancho" —quien, por cierto, era español y se llamaba José Alonso Trelles—. La originalidad —¿será menester repetirlo?— puede estar en otros muchos lugares, y el empleo sistemático del color local más bien rebaja todo arte a la anécdota pintoresca y el folklorismo barato. Un tono, un sentimiento, un estilo son los factores que sitúan verdaderamente a un escritor original, más allá de lo geográfico y ambiental.

Rubén Darío pudo muy bien prescindir de los embelecos costumbristas y anexos porque poseía otros recursos de mayor peso en el arte. Su originalidad americana le venía de algo profundo y consustancial, permitiéndole melificar en tiempos y culturas muy lejanas. Cabalmente —me atrevería a sostener— cuanto más extraño a su inmediatez geográfica es el tema que maneja, con más soltura y singularidad se manifiesta. Nunca quizá es más original que cuando se sitúa en un afrancesado siglo XVIII, el de Versalles, y baraja la marquesa Eulalia, los abates y los vizcondes. ¿Por qué? Porque deja a un lado todo posible modelo real y acierta a inventarse unos personajes, una época, una tramoya decorativa completa —la de *Era un aire suave*...—. La inventa con una ingenuidad, una frescura, un deslumbramiento muy inconfundiblemente propio de hispanoamericano. Luego el mundo poético de Darío, en virtud de sus lecturas y sus preferencias íntimas, no estaba en ninguno de los motivos que aparentemente le caían más cerca, al alcance de la mano.

Escribe años después, en *Historia de mis libros:* "Abominando de la democracia, funesta a los poetas, tendí hacia el pasado, a las antiguas mitologías y a las espléndidas historias, incurriendo en la censura de los miopes. Pues no se tenía en toda la América española, como fin y objeto poéticos, más que las celebraciones de las glorias criollas, los hechos de la independencia y la naturaleza americana: un eterno canto a Junín, una inacabable oda a la agricultura de la zona tórrida, y décimas patrióticas". Olmedo y Andrés Bello habían ya exprimido de modo suficiente tales motivos.

Cierto es que remontando los siglos, hasta la raíz precolombina, Rubén Darío pudo haber encontrado otras fuentes de inspiración, mas éstas eran extrañas a la América intelectual donde el poeta se había formado, tan saturada de espíritu europeo. Al margen de toda perspectiva política, aludiendo solamente a lo intrínseco del fenómeno literario, Arturo Torres Rioseco *(Rubén Darío. Americanismo y casticismo)* ha subrayado tal circunstancia al escribir que "los países de nuestro continente son, a pesar de la mezcla de sangre, radicalmente europeos (...). Los que tratan de resucitar la cultura precolonial están arando en el desierto; primero, porque hasta los indios puros de América se sienten europeos, y segundo, porque la cultura indígena es rudimentaria, comparada con la que nos legaron los conquistadores, pese a los que ven toda grandeza en las sociedades precortesinas".

Por su parte, el propio Darío no había sido menos explícito cuando escribió el prólogo de *Prosas profanas:* "Si hay poesía en nuestra América, está en las cosas viejas, en Palenke y Utatlán, en el indio legendario y en el indio sensual y fino, y en el gran Moctezuma de la silla de oro". "Lo demás —concluía— es tuyo, democrático Walt Whitman". Pero la democracia, más o menos auténtica, le dejaba frío. "¿Hay en mi sangre —se preguntaba— alguna gota de sangre de África o de indio chorotega o nigrandano? Pudiera ser, a despecho de mis manos de marqués: mas he aquí que veréis en mis versos princesas, reyes, cosas imperiales, visiones de países lejanos o imposibles; ¡qué queréis!, yo detesto la vida y el tiempo en que me tocó nacer; y a un presidente de república no podré saludarlo en el idioma en que te cantaría a ti ¡oh, Halagabal!; de cuya corte —oro, seda, mármol— me acuerdo en sueños". Y, sin embargo —recordemos nosotros—, ahí está su "Canto a Roosevelt"; mas con la salvedad de que no constituye un epinicio, sino una advertencia, donde se mezclan la admiración y el temor ante lo gigantesco, resumiéndose en un vítor —¡vive la América española!—, y en este verso: "hay mil cachorros sueltos del león español".

Refiriéndose, en general, a los escritores hispanoamericanos del modernismo, con motivo del autor de *Azul...*, E. Anderson-Imbert (prólogo a *Poesía de Rubén Darío,* México, 1952) les reivindica de los cargos de descastamiento al escribir: "Tenían las raíces en estas tierras pobres, aunque parecieran desarraigados, libres de España porque eran de colonias españolas, afrancesados porque apenas conocían Francia, ilusionados por un arte cosmopolita porque el espejismo de oasis es una ilusión de los desiertos, insatisfechos, no desertores, americanísimos, en una palabra, por lo mismo que escapaban de América".

No hay, pues, que dejarse engañar por el exotismo temático de buen número de la poesías rubendarianas: ésa es una obligada característica común a todos los poetas del modernismo, desde Gutiérrez Nájera a Herrera y Reissig: se reduce a la transplantación de modos de sensibilidad y de técnicas que gravitaban en el aire de entre dos siglos. Rubén Darío es profundamente americano, en su condición de tal, ambiciosamente cosmopolita, y merced a la fuerza de sus raíces, identificado con el genio del idioma español. No pertenece concretamente a este o el otro país; es un poeta continental, en última instancia intercontinental, situado en el puente de ambos mundos, y cada uno de los habitantes del nuevo puede reconocerse en él si desciende a los estratos más íntimos de su ser.

Temas americanos

Por lo demás, si hiciéramos un recuento de sus temas americanos, fácilmente advertiríamos que éstos existen en cantidad no inferior a otros. Suman casi tantos como los españoles y los de otras procedencias. Ya en su primer libro, *Epístolas y poemas* (1885), aparte referencias sueltas, y desarrolladas con una retórica muy finales del siglo XIX, o sea con un estilo predariano, encontramos una poesía, "El porvenir"; en ella, tras una larga enumeración de las culturas históricas, se leen estos versos:

> *Y América... ¡oh Dios mío!,*
> *si el viejo mundo ya maduro y cano*
> *gozará del fulgor de mi cariño,*

> *donde alzaré mi trono soberano*
> *será en el mundo niño.*
>
> *¡Salve, América hermosa! El sol te besa,*
> *del arte la potencia te sublima;*
> *el Porvenir te cumple su promesa,*
> *te circunda la luz y Dios te mima.*

Pero es en *Azul..* donde se ensancha la temática americana; así el soneto dedicado a "Caupolicán", que "inició —dice el autor— la entrada del soneto alejandrino, a la francesa, en nuestra lengua"; otro a Walt Whitman (*En su país de hierro vive el gran viejo...*); dos más, al peruano J. J. Palma y al mejicano Díaz Mirón. En *Cantos de vida y esperanza;* la pieza "Del campo" está sugerida por la pampa argentina. Del mismo modo hay reminiscencias bonaerenses en "La canción del carnaval", si bien aparezca puesta bajo una cita de Banville; igualmente la "Sinfonía en gris mayor", aunque delata la influencia de Gautier, está vista —como señala su autor— *"d'après nature,* bajo el sol de mi patria tropical". Menos definitivamente americana es —a pesar del título— "Tarde tropical". En cambio, asume plenamente este carácter el soneto parnasiano "Cleopompo y Heliodemo".

Pero indudablemente el libro donde podemos hallar —sin pretensión de agotar esta línea temática— más poesías americanas de Rubén Darío es *El canto errante.* Comienzan con la titulada "A Colón", que es una suerte de elegía dramática al continente por él descubierto.

> *¡Desgraciado Almirante! Tu pobre América,*
> *tu india virgen y hermosa de sangre cálida,*
> *la perla de tus sueños, es una histérica*
> *de convulsivos nervios y frente pálida.*

Advirtamos que está fechada en 1892, mas que no obstante, y con referencia a ciertas regiones, diríase que, lamentablemente, apenas ha perdido nunca vigencia. Hay una enumeración implacable de quiebras de ideales, de desastres político-sociales, un treno desesperanzado:

> *Las ambiciones pérfidas no tienen diques,*
> *soñadas libertades yacen deshechas.*
> *¡Eso no hicieron nunca nuestros caciques,*
> *a quienes las montañas daban las flechas!*

Hay una alusión al maltrato de las ricas herencias:

> *La cruz que nos llevaste padece mengua;*
> *y tras encanalladas revoluciones;*
> *la canalla escritora mancha la lengua*
> *que escribieron Cervantes y Calderones.*

La letanía de desdichas termina con una imprecación desolada:

> *Duelos, espantos, guerras, fiebre constante*
> *en nuestra senda ha puesto la suerte triste:*
> *¡Cristóforo Colombo, pobre almirante,*
> *ruega a Dios por el mundo que descubriste!*

Lo dramático se cambia por lo épico en "Momotombo", poesía dedicada al volcán de su país natal, que Darío "descubrió" literariamente a través de Víctor Hugo.

¿Qué pensar de la "Salutación al Águila"? ¿Merece las acres censuras que —al margen de su valor poético—, por su intención apologética de Estados Unidos, ha merecido en ocasiones? Ante todo, no olvidemos que es una pieza ocasional; está sugerida por una conferencia panamericana celebrada en Río de Janeiro, en 1906, a la que Rubén Darío asistió como diplomático. Viene a ser el contracanto de la salutación "A Roosevelt" y traduce, antes que ningún punto de vista firme sobre la hermandad tanto como la desinteligencia de las Américas, una peculiar impresionabilidad del autor. Por lo demás, el himno incluye esta estrofa relativizadora:

Águila, existe el cóndor. Es tu hermano en las grandes alturas.
Los Andes le conocen y saben que, cual tú, mira al sol.
"May this grand Union have no end!", dice el poeta.
Puedan ambos juntarse en plenitud, concordia y esfuerzo.

Prosaísmos como el anterior, empero la grandiosa caudalosidad de los hexámetros, relativizan en todos los sentidos el valor de la "Salutación al Águila".

El tema puramente indígena —azteca en este caso— está desarrollado en "Tutatcozimi", evocación arqueológica, hecha para comprobar que Darío no rehuía este motivo. Más frecuente, como obedeciendo a sugestiones o incitaciones próximas, es el tema argentino, visible en el elogio al obispo Esquiú y particularmente en su "In memoriam Bartolomé Mitre", anticipo de la cuantiosa "Oda" posterior. En la misma dirección, no habría que olvidar un gran poema que habitual e injustamente parece relegarse, en virtud de motivos no claros. ¿Acaso por tratarse de una pieza de encargo, hecha ex profeso para el centenario de la independencia de la nación argentina? ¿O porque en ella se acentúa lo cosmopolita argentino, lo ambiciosamente ecuménico, más que lo privativo; más la proyección en el futuro que la remembranza del leve pretérito? En cualquier caso deberá reconocerse que se trata de una obra mayor, con vasto aliento, de algo muy parecido a una obra maestra, si no lo es enteramente. Desde luego, se alza a cierto nivel diferente de las más recordadas *Odas seculares* de Leopoldo Lugones, escritas con el mismo motivo.

Transcribamos, a modo de simple comprobación, algunas estrofas del "Canto a la Argentina". La inicial:

> *¡Argentina! ¡Argentina!*
> *¡Argentina! El sonoro*
> *viento arrebata la gran voz de oro.*
> *Ase la fuerte diestra la bocina,*
> *y el pulmón fuerte, bajo los cristales*
> *del azul, que han vibrado,*
> *lanza el grito: Oíd, mortales,*
> *oíd el grito sagrado.*

Después, el recuerdo de su génesis:

> *¡Éxodos! ¡Éxodos! Rebaños*
> *de hombres, rebaños de gentes*
> *que teméis los días huraños,*
> *que tenéis sed sin hallar fuentes*
> *y hambre sin el pan deseado,*
> *y amáis la labor que germina.*
> *Los éxodos os han salvado:*
> *¡Hay en la tierra una Argentina!*
> *He aquí la región del Dorado,*
> *he aquí el paraíso terrestre,*
> *he aquí la ventura esperada,*
> *he aquí el Vellocino de Oro,*
> *he aquí Canaán la preñada,*
> *la Atlántida resucitada;...*

Sigue después un desfile de los aludes migratorios: judíos, italianos, españoles, helvéticos, franceses...; después las mujeres, de muchas procedencias, aureoladas con los más bellos epítetos, siempre en versos habitualmente impares, de ritmo corto, a nivel de la prosa, que rehuyendo lo grandilocuente, no por ello disminuyen su grandiosidad. Trátase de algo parejo —señala Pedro Henríquez Ureña, *Las corrientes literarias en la América Hispánica*— al verso corto y fluctuante de los siglos XII y XIII, los de la *Razón de amor* y los de *Elena y María*.

Si se pretendiera negar la condición de poeta continental que posee Rubén Darío, ¿dónde encontrarlo? En su día quien pretendió asumir tal cima —lo revela el simple título de un libro, *Alma América*; esto es, José Santos Chocano— no pasó de empuñar una trompa tan desmesurada de tamaño como corta de ecos. En tiempos post-darianos, tres nombres nos vendrán quizá a la mente: en primer término, Gabriela Mistral; después, César Vallejo y Pablo Neruda. Ahora bien, en el caso de la autora de *Tala*, su americanismo incuestionable, en punto a espíritu, temas y lenguaje radica cabalmente en aquello que apenas le importó a Rubén Darío: en la raíz india, en las supervivencias espirituales de lo aborigen. En lo que se refiere a César Vallejo, su poesía de América limítase a la vertiente andina y al empeño por dar sentido a la expresión de una congoja cósmica. Por lo que toca al autor del *Canto general*, la ambición de totalidad americana no corresponde al título: queda anulada por una parcialización tendenciosa, sin contar el resentimiento histórico que el libro destila hacia la raíz más insoslayable, la hispánica, violentamente calumniada; de suerte que, al amputar este factor, la "generalidad" americana fracasa. Por lo demás, la poesía de Neruda viene a ser, en opinión de Juan Larrea *(Surrealismo entre viejo y nuevo mundo)*, la antítesis más completa de la rubendariana —al menos en sus primeros libros, quizá los más valederos poéticamente—; si ésta carga el acento en los valores de "exaltación", "belleza", "esperanza" aquélla lo hace en la "desanimación", el "crepúsculo", la "fealdad"...

Hispanismo

Así como es necesario poner de relieve el americanismo, en lo hondo, de un espíritu tan abierto a los vientos del mundo, como Rubén Darío, importa minimizar o reducir a sus justas proporciones el otro elemento en que suele hacerse más hincapié, su afrancesamiento; y paralelamente, con toda objetividad, señalar uno más dominante: su españolismo. Este último factor, si lo llamamos más exactamente hispanismo o hispanidad —lejos este último término de cualquier connotación equívoca— queda ya implícitamente incluido en el americanismo.

El supuesto contrario, el equívoco arranca de aquella frase de Valera donde se hablaba del "galicismo mental" de Rubén Darío. La expresión no es inexacta, pero dada la amplitud excluyente con que se entiende, resulta desnaturalizadora. A un escritor tan castizo, a un humanista de tan rancia solera como el autor de las *Cartas americanas,* aun más, a un hombre cuya prosa escrita era la conversación viva de un hidalgo andaluz, naturalmente habían de sonarle como exóticos, particularmente galicanos, aquellos párrafos rápidos, melodiosos, rítmicos de los cuentos de *Azul...* Asimismo se le antojarían intrusas —y en rigor lo eran— aquellas preferencias por escritores franceses de 1890, muy secundarios a la verdad, como Catulle Mendès y semejantes; del nombrado ni siquiera queda huella en la antología más completa de los simbolistas, la de Van Bever y Léautaud. Empero, Valera no dejaba de reconocer y admirar el "fondo español" que, más allá del exotismo temático y verbal, transparecía en Rubén Darío. Lo que nos asombra hoy es cómo el autor de *Azul...* pudo dejarse deslumbrar no ya por autores como Catulle Mendès, sino por otros aun de menor talla, tales Arsène Houssaye, Armand Silvestre y el novelista René Maizeroy, autor de ficciones eróticas muy convencionales.

El fenómeno del afrancesamiento en las letras hispanoamericanas de fines del siglo XIX es muy vasto, complejo y no podría despacharse en dos líneas desdeñosas, sin tratar de apuntar algunas de sus causas. Lo español en todos sus aspectos atravesaba entonces, particularmente en los países meridionales de América, una grave crisis. Los últimos coletazos del desprendimiento de España, al pasar del plano político al intelectual, se experimentaban de modo intenso. A una influencia seguía otra de signo contrario. Si en lo político el influjo de lo norteamericano era decisivo, en lo literario el foco de atracción habíase polarizado en Francia. Tratábase de un fenómeno general y ningún sentido tendría abominar del galicanismo particular de Rubén Darío, por extremado que fuera. Su "parisianitis" no era suya, era privativa de todo un tiempo. Y no dejaba de tener alguna justificación. Si los escritores españoles miraban a su alrededor —antes del 98—, lo propio se les aparecía mustio, más desvaído aún por el feroz espíritu crítico, hasta masoquista, que ellos mismos practicaban. Localismo, ranciedad, bajo nivel —en la poesía, antes que en la novela— era lo más visible; innecesario citar nombres. Si por parte de los escritores atlánticos la mirada se contraía a lo propio, lo americano apenas era visible. Además, el escaso equipaje idiomático de que disponían impedíales extender la vista hacia otras culturas distantes. Y la más fácil de captar, merced a la transparencia del idioma y a su fácil expansión, no era otra que la francesa. Aunque en una carta a Unamuno, Rubén Darío, pocos años después, hablase desdeñosamente del "parisianismo de importación", él fue uno de sus consumidores y víctimas más propicias.

Ahora bien, para Darío y sus contemporáneos lo francés literario no era "exótico"; era la prolongación natural del mundo de los libros que leían con ingenuidad, con absoluta buena fe. Lo asimilaban como un elemento natural del medio. Pero no dejaba de ser menos natural que, fuera de América, en España, tan unilateral preferencia hubiera de sonar como algo extraño y excesivo. Particularmente en lo sintáctico de ciertos giros (así el "que" galicado tan insistente):

¡Es con voz de la Biblia, o verso de Walt Whitman,
que habría que llegar hasta ti, Cazador...!

Cierto es que Darío trataba de unir ambos mundos:

Como la Galatea gongorina
me encantó la marquesa verleniana...

Pero no es menos cierto que esta última podía más. Habitualmente tal galicanismo solía disfrazarse, en lo espiritual, de un "vuelta a las fuentes", de helenismo; de ahí, que, según una simplificación muy fines de siglo, tendiera a identificarse a Francia con Grecia. Rubén Darío incurre de lleno en tal hipérbole:

Amo más que la Grecia de los griegos,
la Grecia de la Francia...

> *Verlaine es más que Sócrates; y Arsenio*
> *Houssaye supera al viejo Anacreonte.*
>
> ("Divagación", en *Prosas profanas.*)

Si Verlaine le parece más que Sócrates (¡curiosa preferencia!), ¿dónde colocaría a Víctor Hugo? Su mención ocurre en numerosos pasajes. Hasta en los más imprevistos; hasta en el elogio *A maestre Gonzalo de Berceo:*

> *Amo tu delicioso alejandrino,*
> *como el de Hugo, espíritu de España;*
> *éste vale una copa de champaña,*
> *como aquél vale "un vaso de bon vino".*

El litigio queda reflejado —más que resuelto— en un párrafo del prólogo a *Prosas profanas*. Muy leído, merece, no obstante, recordarse una vez más: El "abuelo español de barba blanca" va mostrando a Darío una serie de retratos ilustres, entre ellos, Cervantes, Garcilaso, Góngora, Quevedo, etc., que el poeta adorna con adjetivos de encarecimiento. Y luego añade por su cuenta: "Shakespeare, Dante, Hugo". "Y en mi interior: ¡Verlaine!". Finaliza con esta confesión: "Abuelo, preciso es decíroslo: mi esposa es de mi tierra, mi querida, de París". Una declaración semejante surge en su invocación a los cisnes:

> *A vosotros mi lengua no debe ser extraña.*
> *A Garcilaso visteis, acaso, alguna vez...*
> *Soy un hijo de América, soy un nieto de España...*
> *Quevedo pudo hablaros en verso en Aranjuez.*

¿Americanismo? ¿Galofilia? ¿Hispanismo? ¿Cuál de

esas tres direcciones, qué mundo mental podía más en Rubén Darío? Difícil sería llegar a una conclusión equitativa, tratando de no mezclar ningún espíritu nacional o ninguna preferencia sentimental. ¿Acaso serán testimonio suficiente para resolver tan ardua cuestión las declaraciones —a veces contradictorias— del mismo poeta? Algunos trozos de su epistolario con Unamuno ilustrarán la ambigüedad dariana en este punto, por lo mismo que se enfrenta con una antagonista, a quien, sin embargo, rehúye oponerse abiertamente, antes al contrario, aproximarse. Unamuno le escribía en su primera carta (1899): "Lo que yo veo precisamente en usted es un escritor que quiere decir en castellano cosas que ni en castellano se han escrito nunca, ni pueden hoy, con él, pensarse. Tiene usted que hacerse su lengua..." Preocupación, ésta última, muy unamuniana, como es sabido. Y Darío, en una carta del mismo año, le contesta: "Le confesaré, desde luego, que no me creo escritor americano...; mucho menos soy castellano. Yo ¿lo confesaré con rubor? no pienso en castellano. Más bien pienso en francés. O mejor, pienso ideográficamente; de ahí que mi obra no sea castiza. Hablo de mis libros últimos. Pues los primeros, hasta *Azul...*, proceden de innegable cepa castellana, al menos en su forma". Pero Unamuno, al comentar *España contemporánea* (1901) refuta: "No es cierto que escriba en un castellano afrancesado, lo que hace es pensar en americano". Y más tarde, en el inciso de un artículo sobre el peruano Riva Agüero (1904): "...¿quién no sabe que, por debajo de su afrancesamiento, más aparente que real, Rubén Darío ha sido y va, cada vez más, siendo profundamente español?; ¿quién no sabe que ha ido a buscar fuerzas, para remozar sus formas líricas, en algunos cantores españoles del mester de clerecía?" Clara alusión a los "Dezires, layes y canciones" de *Prosas profanas*. En definitiva, esta cuestión pudiera resumirse con palabras del poeta, en sus *Cantos de vida y esperanza:* "Hay mucho hispanismo en este libro mío. ¡Hispania por siempre!" Y puesto a definirse lo hace así: "Español de América y americano de España". En 1899 un viaje impensado le descubre España; desde España ve mejor América; luego España le revela a sí mismo.

Breve registro de motivos españoles

Si ahora, a semejanza de lo que hicimos con el registro de los temas americanos en la obra de Rubén Darío, quisiéramos hacer otro semejante de los motivos españoles, la relación sería más numerosa. Concéntranse particularmente en *Prosas profanas* y en *Cantos de vida y esperanza*. En el primer libro, se inauguran con el "Pórtico" al libro *En tropel* de Salvador Rueda, seguido del "Elogio de la seguidilla", calificada como "flor del sonoro Pindo de España". Continúan en "Cosas del Cid", con la particularidad de que aquí la anécdota básica viene no del propio *Cantar,* sino por intermedio de Barbey d'Aurevilly. Y alcanza su cumbre en los "Dezires", en el soneto a Gonzalo de Berceo y "La Gitanilla"; esta última no es la cervantina, se halla vista a través de un cuadro de Carolus-Duran. Siempre el mismo camino indirecto.

Pero hay que pasar a los *Cantos* para encontrarse con sus piezas mayores de fondo español. En primer término, los poderosos hexámetros de la "Salutación del optimista", que comienzan:

Ínclitas razas ubérrimas, sangre de Hispania fecunda,
espíritus fraternos, luminosas almas, ¡salve!

No en vano este poema ha sido reconocido como el más hermoso canto tributado a la estirpe hispánica. Recuérdese la invocación a la unidad:

¿Quién será el pusilánime que al vigor español niegue
*   músculos*
y que al alma española juzgase áptera y ciega y tullida?"
Únanse, brillen, secúndense tantos vigores dispersos;
formen todos un solo haz de energía ecuménica...

Estrofas que se eslabonan con otras incluidas en "Al rey Oscar":

¡Mientras el mundo aliente, mientras la esfera gire,
mientras la onda cordial alimente un ensueño,
mientras haya una viva pasión, un noble empeño,
un buscado imposible, una imposible hazaña,
una América oculta que hallar, vivirá España!

Aun siendo también una composición incidental, la titulada "Cyrano en España" tiende a unir en el mismo haz sus dos amores: lo español y lo francés:

Al gran gascón saluda y abraza el gran manchego.
¿No se hacen en España los más bellos castillos?

Cada verso alterna una preferencia. Para advertir con qué equilibrio está elaborado el poema, reléase completo; transcribimos el final:

¡Bien venido, Cyrano de Bergerac! No seca
el tiempo el lauro; el viejo Corral de la Pacheca
recibe al generoso embajador del fuerte
Molière. En copa gala Tirso su vino vierte.
Nosotros exprimimos las uvas de Champaña
para beber por Francia y en un cristal de España.

Un "Trébol" de devociones enlázase en el tríptico de sonetos cambiados entre Góngora y Velázquez, con otro del poeta, aunque suenen un poco forzados. Mayor espontaneidad y belleza tienen los tercetos "A Goya", relevados por el tino de los epítetos y la exactitud de las transposiciones pictóricas: las "lóbregas visiones", las "blancas irradiaciones", los "negros y bermellones":

> *Tu loca mano dibuja*
> *la silueta de la bruja*
> *que en la sombra se arrebuja...*
> *Tu pincel asombra, hechiza,*
> *ya en sus claros electriza,*
> *ya en sus sombras sinfoniza,*
> *con las manolas amables,*
> *los reyes, los miserables,*
> *o los Cristos lamentables.*
> *Musa soberbia y confusa,*
> *ángel, espectro, medusa,*
> *tal aparece tu musa.*

Y sobre todo, la "Letanía de Nuestro Señor Don Quijote" que empieza y concluye:

> *Rey de los hidalgos, señor de los tristes,*
> *que de fuerza alientas y de ensueños vistes,*
> *coronado de áureo yelmo de ilusión;*
> *que nadie ha podido vencer todavía,*
> *por la adarga al brazo, toda fantasía,*
> *y la lanza en ristre, toda corazón.*

No olvidaremos anotar las poesías de homenaje personal, tales la balada laudatoria al Marqués de Bradomín y el soneto a su creador:

Este gran don Ramón de las barbas de chivo...

más otros poemas a Campoamor, a Juan Ramón Jiménez y a Antonio Machado; este último prodigioso de adivinación, viéndole ya en tiempo pretérito:

> *Misterioso y silencioso*
> *iba una y otra vez.*
> *Su mirada era tan profunda*
> *que apenas se podía ver.*

Si mucho tomó Rubén Darío de España, devolvió el préstamo con creces; con una copiosa brazada de espigas reintegró el grano multiplicado.

Intimidad

Bastaría este muestrario —que dista mucho de ser completo, simplemente antológico— para dar una idea de la riqueza temática contenida en la obra dariana, muy lejos de la monotonía en que otras se agotan rápidamente. Con todo, no faltará algún lector que nos señale cierta ausencia. Le tomamos la delantera, apuntándola por nuestra cuenta. Aludimos a aquel conjunto de poesías que Rubén Darío, orillando el mundo exterior, centra en sí mismo, en su intimidad inalienable, y que algunos, diputándolo superior al resto de su producción, aíslan de modo preponderante y exclusivo. Son los que, apoyándose en supuestos muy discutibles sobre el único campo posible de la poesía, pretenden reducir ésta al cauce más estrechamente subjetivo, al rigurosamente ombliguista, al del ser hipnotizado sobre sí mismo. Son los detractores —por decirlo con palabras objetivas de Pedro Henríquez Ureña— que reprochan a Rubén Darío "su preciosismo, su amor excesivo por el mundo externo —en lo que se asemeja a Góngora— y le hallan falto de una rica intimidad, como la de Garcilaso o Bécquer, de una hondura filosófica, como la de Fray Luis de León o Quevedo." Mas ¿acaso no nacerá tal criterio de un angostamiento de la función poética, donde quedan desahuciadas, por supuesto, la épica y la dramática, donde se valoran únicamente las efusiones íntimas —tan incomunicables, en última instancia, como comunes a la par— y se proscribe la belleza objetivizada? El caso es que, reacios a dejarse captar por los poemas "exteriores" de Darío, desdeñosos de la "sonoridad", el "sensualismo", el "colorido plástico" y otros valores semejantes que entienden como "virtudes menores", aceptan únicamente aquel breve puñado de poesías donde el poeta monologa consigo mismo, con las inquietudes y temores del trasmundo. Pero ¿acaso tales preocupaciones no se hallan también, aunque entre líneas, en el seno de sus composiciones más "externas" y "coruscantes"?

Reléanse como prueba "El reino interior", la "Salutación a Leonardo" y la "Letanía a Nuestro Señor Don Quijote". Téngase a la vista otra de las más "decorativas" y "suntuosas" (entrecomillamos los epítetos que sus puritanos opositores usan con intención oblicua), como la que inaugura *Cantos de vida y esperanza* ("*Yo soy aquel que ayer no más decía...*"); ésta viene a ser una autocopia fidedigna y equivale a la más honda autobiografía. Rememorando sus etapas, el poeta escribe:

> *Potro sin freno se lanzó mi instinto,*
> *mi juventud montó potro sin freno;*
> *iba embriagada y con puñal al cinto;*
> *si no cayó, fue porque Dios es bueno.*

Y después:

> *La torre de marfil tentó mi anhelo;*
> *quise encerrarme dentro de mí mismo,*
> *y tuve hambre de espacio y sed de cielo*
> *desde las sombras de mi propio abismo.*

Y aludía a su entrada en la "selva sagrada", como otra "selva selvaggia" dantesca:

> *Y la vida es misterio, la luz ciega*
> *y la verdad inaccesible asombra;*
> *la adusta perfección jamás se entrega,*
> *y el secreto ideal duerme en la sombra.*
>
> *Por eso ser sincero es ser potente;*
> *de desnuda que está, brilla la estrella;*
> *el agua dice el alma de la fuente*
> *en la voz de cristal que fluye de ella.*

Por si esta demostración —entre otras semejantes que luego aislaremos— no bastara, tratemos aún de inquirir las causas que determinan aquel propósito aludido de reducir la desbordante cosecha rubendariana a unos cuantos granos. ¿No será una pretensión de carácter y abolengo anacrónicamente románticos (más exactamente, propia de una sola rama romántica, la más honda quizá, pero también la más frágil y cansina), aquella que quiere erigir el delgado yo interior en una columna única, base de un edificio con varios arcos? El adentramiento en la soledad poco dice en comparación con aquel que se efectúa en un mundo poblado, donde la confrontación con otros yo y con el múltiple esplendor del universo, ofrecen más interesantes reflejos prismáticos. Desde un punto de vista preferentemente clásico, yo diría que la impudicia, la monotonía, el aburrimiento de cualquier subjetivismo solamente se salvan cuando se truecan objetivándose en el mundo exterior; además ¡hay tantos subjetivismos que no lo son, que se limitan a ser calcos y parodias de los ajenos! Si en un libro novelesco nos parece insoportable la narración de vidas lisas, pedestremente contadas, que nada difieren de las que encontramos diariamente en la calle ¿por qué motivo vamos a detenernos en la transposición poética de una existencia presuntamente interior, pero que en nada rebasa tampoco el nivel medio? ¿No sería cosa de exigir una medida, hecha con una suerte de altímetro espiritual, antes de autorizar a cualquier liróforo para que nos inflija el relato de sus cuitas?

Pero se diría que en el fondo de todo lector sistemático de poesía —aparte de la tan discutible valoración *"in genere"* de la misma, por el mero hecho de serlo o parecerlo, con prescindencia de sus cualidades— hay agazapado algo que, a falta de otro término mejor, y aun en su acepción más mostrenca, llamaríamos un irreductible y elemental "sentimentalismo"; éste pretende peraltarse al transferirse en cualquier prójimo inmediato que sea capaz de expresarlo con palabras más o menos congruentes. ¿No nacerá de ahí el fácil contagio de una virtud —el ejercicio diestro de la poesía— que, en rigor sólo es dable en contadísimos, escogidos seres, pero al que innumerables se creen llamados, por el simple hecho de ser en apariencia tan fácilmente endosable? ¡Tremendo desliz, fatal equívoco que tantas mediocridades y desafueros origina en el arte! Sin duda éste es suscitador de sí mismo, crea reflejos miméticos en cuanto estados de espíritu, pero no determina verdadera capacidad estética. Luego el error estriba en confundir tales reflejos con radiaciones originales, tomando lo postizo por auténtico. Como escribe André Malraux *(Les voix du silence)*: "Ser novelesco no es ser novelista, gustar de la contemplación no es ser poeta". Una predisposición poética podrá suscitarse al socaire de otras; pero suscitarse no es formarse, ni menos alcanzar una cima estimable.

En el caso de la tasación de la obra rubendariana sucede que algunos lectores parecerían valorar únicamente lo que suponen transferible a ellos mismos y minimizan el resto, que es precisamente el lugar donde se acusan con más relieve los rasgos del artista creador, de un mundo objetivado y a la par imaginario. En suma, de la obra rubendariana sólo consideran dignas de encomio unas cuantas poesías, las que entienden más fácilmente identificables con el subjetivismo —nada singular, al cabo, asimilable al de muchos otros—. En primer término, por ejemplo, un soneto a Cervantes y cuatro nocturnos. El primero (en *Cantos de vida y esperanza*) comienza así:

Horas de pesadumbre y de tristeza
pasa mi soledad. Pero Cervantes
es buen amigo. Endulza mis instantes
ásperos y reposa mi cabeza...

En cuanto al primer "Nocturno", tras los iniciales cuartetos donde el poeta evoca

la desfloración amarga de mi vida,

concluye expresando

la conciencia espantable de nuestro humano cieno y
el horror de sentirse pasajero,

al caminar

hacia lo inevitable, desconocido, y la
pesadilla brutal de este dormir de llantos
¡de la cual no hay más que Ella que nos despertará!

La poesía "De otoño" se inicia también con una evocación de sus tiempos pretéritos y el cambio posterior:

Yo sé que hay quienes dicen: ¿Por qué no canta ahora
con aquella locura armoniosa de antaño?
Ésos no ven la obra profunda de la hora,
la labor del minuto y el prodigio del año.
Yo, pobre árbol, produje, al amor de la brisa,
cuando empecé a crecer, un vago y dulce son.
Pasó ya el tiempo de la juvenil sonrisa:
¡Dejad al huracán mover mi corazón!

Pero quizá superiormente expresiva en esta dirección sea la poesía que comienza:

Ay, triste del que un día en su esfinge interior
pone los ojos e interroga. Está perdido.
Ay del que pide eurekas al placer o al dolor.
Dos dioses hay, y son: Ignorancia y Olvido.

Parejos sentimientos se expresan en "Melancolía":

Hermano, tú que tienes la luz, díme la mía.
Soy como un ciego. Voy sin rumbo y ando a tientas.
Voy bajo tempestades y tormentas,
ciego de ensueño y loco da armonía.
Ése es mi mal. Soñar. La poesía
es la camisa férrea de mil puntas cruentas
que llevo sobre el alma...

No podía faltar en un poeta de abolengo claro, aunque lejanamente, romántico (recuérdense sus iniciales *Rimas* y *abrojos*), como Rubén Darío, la exaltación y la queja simultáneamente sobre la "misión" del poeta, pero expresada no con el endiosamiento abusivo de otros, sino de modo más llano y plácido. Pero recordemos ante todo el comienzo:

> *¡Torres de Dios! ¡Poetas!*
> *¡Pararrayos celestes*
> *que resistís las duras tempestades*
> *rompeolas de las eternidades!*

Y finalizando:

> *Torres, poned al pabellón sonrisa.*
> *Poned ante ese mal y ese recelo*
> *una soberbia insinuación de brisa*
> *y una tranquilidad de mar y cielo.*

Hay otro nocturno, el dedicado a Mariano de Cavia, que comienza:

> *Los que auscultásteis el corazón de la noche*

y contiene la revelación más expresiva:

> *Y el pesar de no ser el que yo hubiera sido,*
> *la pérdida del reino que estaba para mí,*
> *el pensar que un instante pude no haber nacido,*
> *¡y el sueño que es mi vida desde que yo nací!*

Con todo, el máximum de su desasosiego tradúcese en el poemita "Lo fatal" que merece ser reproducido completo:

Dichoso el árbol que es apenas sensitivo,
y más la piedra dura porque ésa ya no siente,
pues no hay dolor más grande que el dolor de ser vivo,
ni mayor pesadumbre que la vida consciente.
Ser, y no saber nada, y ser sin rumbo cierto,
y el temor de haber sido y un futuro terror...
Y el espanto seguro de estar mañana muerto,
y sufrir por la vida y por la sombra y por
lo que no conocemos y apenas sospechamos,
y la carne que tienta con sus frescos racimos,
y la tumba que aguarda con sus fúnebres ramos,
y no saber adónde vamos,
¡ni de dónde venimos!...

En otro "Nocturno", producto del insomnio, como los anteriores, el que empieza:

Silencio de la noche, doloroso silencio
nocturno... ¿Por qué el alma tiembla de tal manera?

encontramos, al final, la interrogación más prevista a la vez que inquietante:

Se ha cerrado una puerta...
Ha pasado un transeúnte...
Ha dado el reloj tres horas... ¡Si será Ella!

Con todo, de esta "Ella" el poeta, en su "Coloquio de los centauros", nos había dado una visión más apaciguadora:

¡La Muerte! Yo la he visto. No es demacrada y
mustia...
Es semejante a Diana, casta y virgen como ella...

Lo vital. Eros

Mas no se olvide que en contraste con un puñado de poesías, son más numerosas las de carácter rigurosamente contrario, concebidas bajo el signo de la Vida con mayúscula, del amor gozoso; poesías sensuales hasta el límite, que cantan la gloria de la luz y la plenitud de los sentimientos, concretamente el cuerpo femenino, el Eros triunfal. De esta suerte, pese a todo, a desengaños, temores, angustias, Rubén Darío nunca pierde el gusto de lo vital, la fe en Eros, y su obra, en conjunto, es el más gozoso canto, como otro *"carpe diem"* horaciano. Tal actitud llega a un punto más alto precisamente en el momento en que su plenitud vital declina, en las estrofas, melancólicas y jubilosas a la par, del *Poema del otoño*. No se deja allí vencer por el pesimismo y la amargura:

> *Y, no obstante, la vida es bella,*
> *por poseer*
> *la perla, la rosa, la estrella*
> *y la mujer.*

Por eso aconseja:

> *Cojamos la flor del instante;*
> *la melodía*
> *de la mágica alondra cante*
> *la miel del día.*

E insiste:

> *Gozad de la carne, ese bien*
> *que hoy nos hechiza,*
> *y después se tornará en*
> *polvo y ceniza.*

> *Gozad de la dulce armonía*
> *que a Apolo invoca;*
> *gozad del canto, porque un día*
> *no tendréis boca.*

Para concluir:

> *En nosotros la Vida vierte*
> *fuerza y calor.*
> *¡Vamos al reino de la Muerte*
> *por el camino del Amor!*

Recordemos, además, la más lograda y famosa: "Juventud, divino tesoro", donde el poeta, al despedirse de ella, se sobrepone a todas las desilusiones y concluye:

> *En vano busqué a la princesa*
> *que estaba triste de esperar.*
> *La vida es dura. Amarga y pesa.*
> *¡Ya no hay princesa que cantar!*
>
> *Mas a pesar del tiempo terco,*
> *mi sed de amor no tiene fin;*
> *con el cabello gris, me acerco*
> *a los rosales del jardín.*
>
> *¡Mas es mía el alba de oro!*

Y sobre todo su canto de gloria al goce sensual:

¡Carne, celeste carne de la mujer! Arcilla
—dijo Hugo—, ambrosía más bien, ¡oh maravilla!
La vida se soporta,
tan doliente y tan corta,
solamente por eso:

¡roce, mordisco o beso
en ese pan divino
para el cual nuestra sangre es nuestro vino!

Y después:

Gloria, ¡oh Potente a quien las sombras temen!
¡Que las más blancas tórtolas te inmolen!
¡Pues por ti la floresta está en el polen
y el pensamiento en el sagrado semen!"
Pues en ti existe Primavera para el triste,
labor gozosa para el fuerte,
néctar, ánfora, dulzura amable.
¡Porque en ti existe
el placer de vivir hasta la muerte
ante la eternidad de lo probable!...

No, decididamente, Rubén Darío no era un "esteta", en la acepción turbia, como sinónimo de homosexual, que se dio burdamente a esa palabra en España durante los años de comienzo de siglo, queriendo lapidar así a modernistas y decadentistas; no se jactaba gideanamente de una aberración —o la disfrazaba de helenismo como algunos otros—; al contrario, en modo alguno ocultaba su virilidad inequívoca de gran amador de la mujer. En las poesías dedicadas a la exaltación de los sentidos, tanto o más que en el contracanto de las que se vencen a la obsesión de la nada, está escrita la más íntima, verídica y profunda autobiografía de Rubén Darío.

Esta antología

Esta antología presenta un carácter rigurosamente distinto a las varias que se han hecho de la obra poética de Rubén Darío: meras agrupaciones dictadas por el gusto personal o por la simple inserción de sus poemas más popularizados. A un criterio orgánico muy deliberado responde la siguiente selección. En ella se da preferencia al orden temático, combinándolo, en lo posible, con el cronológico. Ningún sentido hubiera tenido atenerse a la división por libros. No se incurre con ello en el riesgo de desnaturalización o de romper ninguna unidad, puesto que ésta apenas existe en los libros publicados por Rubén Darío. Todos ellos son —salvo en escasos trozos— simples acumulaciones de poesías, sin ningún propósito orgánico, desde *Azul...* al *Poema del otoño*. Ni siquiera se mantiene siempre en ellos un orden de fechas, de acuerdo con la redacción o publicación primera de cada poesía, sin olvidar que hay muchas que quedaron fuera de los libros éditos en vida del autor y sólo aparecieron como "obra dispersa" en las colecciones póstumas de *Obras completas*.

La división en cinco partes establecida en el texto de la presente Antología reúne, en la primera de aquéllas, algunas poesías que pueden estimarse como fundamentales, aunque no dejen también de mostrar afinidades con las agrupadas de modo más homogéneo en las siguientes secciones. Los titulillos o epígrafes, marcados entre paréntesis cuadrados, pertenecen al compilador y se ajustan a las divisiones temáticas establecidas en las páginas anteriores del presente prólogo. No se excluyen algunas de las poesías más famosas de Rubén Darío, porque el lector tiene derecho a reencontrar tales piezas, independientemente de la calidad que podamos adjudicar a las mismas.

De esta suerte, y en virtud del mantenimiento del orden temático-cronológico, esta compilación puede ser calificada como la primera antología sistemática de Rubén Darío; la única capaz de proporcionar al lector general —tanto al familiarizado con su obra, como al que se acerque a ella por vez primera— una imagen cabal y unitaria de un poeta con muchos rostros.

GUILLERMO de TORRE

I

POEMAS CARDINALES
["ERA UN AIRE SUAVE"...]

AÑO NUEVO

A Julio Piquet

A las doce de la noche, por las puertas de la gloria
y al fulgor de perla y oro de una luz extraterrestre,
sale en hombros de cuatro ángeles, y en su silla
     gestatoria,
               San Silvestre.

Más hermoso que un rey mago, lleva puesta la tiara,
de que son bellos diamantes Sirio, Arturo y Orión;
y el anillo de su diestra, hecho cual si fuese para
               Salomón.

Sus pies cubren los joyeles de la Osa adamantina,
y su capa raras piedras de una ilustre Visapur;
y colgada sobre el pecho resplandece la divina
               Cruz del Sur.

Va el pontífice hacia Oriente. ¿Va a encontrar el áureo
     barco,
donde al brillo de la aurora viene en triunfo el rey
     enero?
Ya la aljaba de diciembre se fue toda por el arco
               del Arquero.

A la orilla del abismo misterioso de lo Eterno
el inmenso Sagitario no se cansa de flechar;
le sustenta el frío Polo, lo corona el blanco invierno
y le cubre los riñones el vellón azul del mar.

Cada flecha que dispara, cada flecha es una hora;
doce aljabas, cada año, para él trae el rey enero;
en la sombra se destaca la figura vencedora
    del Arquero.

Al redor de la figura del gigante se oye el vuelo
misterioso y fugitivo de las almas que se van,
y el rüido con que pasa por la bóveda del cielo
con sus alas membranosas el murciélago Satán.

San Silvestre, bajo el palio de un zodiaco de virtudes,
del celeste Vaticano se detiene en los umbrales
mientras himnos y motetes canta un coro de laúdes
    inmortales.

Reza el Santo y pontifica; y al mirar que viene el barco
donde en triunfo llega enero,
ante Dios bendice al mundo; y su brazo abarca el arco
    y el Arquero.

(1894)

[ERA UN AIRE SUAVE...]

Era un aire suave, de pausados giros;
el hada Harmonía ritmaba sus vuelos,
e iban frases vagas y tenues suspiros
entre los sollozos de los violoncelos.

Sobre la terraza, junto a los ramajes,
diríase un trémolo de liras eolias
cuando acariciaban los sedosos trajes,
sobre el tallo erguidas, las blancas magnolias.

La marquesa Eulalia risas y desvíos
daba a un tiempo mismo para dos rivales:
el vizconde rubio de los desafíos
y el abate joven de los madrigales.

Cerca, coronado con hojas de viña,
reía en su máscara Término barbudo,
y, como un efebo que fuese una niña,
mostraba una Diana su mármol desnudo.

Y bajo un boscaje del amor palestra,
sobre rico zócalo al modo de Jonia,
con un candelabro prendido en la diestra
volaba el Mercurio de Juan de Bolonia.

La orquesta perlaba sus mágicas notas;
un coro de sones alados se oía;
galantes pavanas, fugaces gavotas
cantaban los dulces violines de Hungría.

Al oír las quejas de sus caballeros,
ríe, ríe, ríe la divina Eulalia,
pues son su tesoro las flechas de Eros,
el cinto de Cipria, la rueca de Onfalia.

¡Ay de quien sus mieles y frases recoja!
¡Ay de quien del canto de su amor se fíe!
Con sus ojos lindos y su boca roja,
la divina Eulalia ríe, ríe, ríe.

Tiene azules ojos, es maligna y bella;
cuando mira, vierte viva luz extraña;
se asoma a sus húmedas pupilas de estrella
el alma del rubio cristal de Champaña.

Es noche de fiesta, y el baile de trajes
ostenta su gloria de triunfos mundanos.
La divina Eulalia, vestida de encajes,
una flor destroza con sus tersas manos.

El teclado armónico de su risa fina
a la alegre música de un pájaro iguala.
Con los *staccati* de una bailarina
y las locas fugas de una colegiala.

¡Amoroso pájaro que trinos exhala
bajo el ala a veces ocultando el pico,
que desdenes rudos lanza bajo el ala,
bajo el ala aleve del leve abanico!

Cuando a medianoche sus notas arranque
y en arpegios áureos gima Filomela,
y el ebúrneo cisne, sobre el quieto estanque,
como blanca góndola imprima su estela,

la marquesa alegre llegará al boscaje,
boscaje que cubre la amable glorieta
donde han de estrecharla los brazos de un paje,
que siendo su paje será su poeta.

Al compás de un canto de artista de Italia
que en la brisa errante la orquesta deslíe,
junto a los rivales la divina Eulalia,
la divina Eulalia ríe, ríe, ríe.

¿Fue acaso en el tiempo del rey Luis de Francia,
sol con corte de astros, en campo de azur?
¿Cuando los alcázares llenó de fragancia
la regia y pomposa rosa Pompadour?

¿Fue cuando la bella su falda cogía
con dedos de ninfa, bailando el minué,
y de los compases el ritmo seguía,
sobre el tacón rojo, lindo y leve el pie?

¿O cuando pastoras de floridos valles
ornaban con cintas sus albos corderos,
y oían, divinas Tirsis de Versalles,
las declaraciones de sus caballeros?

¿Fue en ese buen tiempo de duques pastores,
de amantes princesas y tiernos galanes,
cuando entre sonrisas y perlas y flores
iban las casacas de los chambelanes?

¿Fue acaso en el Norte o en el Mediodía?
Yo el tiempo y el día y el país ignoro;
pero sé que Eulalia ríe todavía,
¡y es cruel y eterna su risa de oro!

(1893)

DIVAGACIÓN

¿Vienes? Me llega aquí, pues que suspiras,
un soplo de las mágicas fragancias
que hicieran los delirios de las liras
en las Grecias, las Romas y las Francias.

¡Suspira así! Revuelen las abejas
al olor de la olímpica ambrosía,
en los perfumes que en el aire dejas;
y el dios de piedra se despierte y ría,

y el dios de piedra se despierte y cante
la gloria de los tirsos florecientes
en el gesto ritual de la bacante
de rojos labios y nevados dientes;

en el gesto ritual que en las hermosas
ninfalias guía a la divina hoguera,
hoguera que hace llamear las rosas
en las manchadas pieles de pantera.

Y pues amas reír, ríe, y la brisa
lleve el son de los líricos cristales
de tu reír, y haga temblar la risa
la barba de los Términos joviales.

Mira hacia el lado del boscaje, mira
blanquear el muslo de marfil de Diana;
y después de la Virgen, la Hetaira
diosa, su blanca, rosa y rubia hermana,

pasa en busca de Adonis; sus aromas
deleitan a las rosas y los nardos;
síguela una pareja de palomas
y hay tras ella una fuga de leopardos.

¿Te gusta amar en griego? Yo las fiestas
galantes busco, en donde se recuerde
al suave son de rítmicas orquestas
la tierra de la luz y el mirto verde.

(Los abates refieren aventuras
a las rubias marquesas. Soñolientos
filósofos defienden las ternuras
del amor, con sutiles argumentos,

mientras que surge de la verde grama,
en la mano el acanto de Corinto,
una ninfa a quien puso un epigrama
Beaumarchais sobre el mármol de su plinto).

Amo más que la Grecia de los griegos
la Grecia de la Francia, porque en Francia
al eco de las risas y los juegos,
su más dulce licor Venus escancia.

Demuestran más encantos y perfidias
coronadas de flores y desnudas,
las diosas de Clodión que las de Fidias.
Unas cantan francés, otras son mudas.

Verlaine es más que Sócrates; y Arsenio
Houssaye supera al viejo Anacreonte.
En París reinan el Amor y el Genio:
ha perdido su imperio el dios bifronte.

Monsieur Prudhomme y Homais no saben nada.
Hay Chipres, Pafos, Tempes y Amatuntes,
donde el amor de mi madrina, un hada,
tus frescos labios a los míos juntes.

Sones de bandolín. El rojo vino
conduce un paje rojo. ¿Amas los sones
del bandolín, y un amor florentino?
Serás la reina en los decamerones.

(Un coro de poetas y pintores
cuenta historias picantes. Con maligna
sonrisa alegre aprueban los señores.
Clelia enrojece. Una dueña se signa.)

¿O un amor alemán? —que no han sentido
jamás los alemanes—; la celeste
Gretchen; claro de luna; el aria; el nido
del ruiseñor; y en una roca agreste,

la luz de nieve que del cielo llega
y baña a una hermosura que suspira
la queja vaga que a la noche entrega
Loreley en la lengua de la lira.

Y sobre el agua azul el caballero
Lohengrin; y su cisne, cual si fuese
un cincelado témpano viajero,
con su cuello enarcado en forma de S.

Y del divino Enrique Heine un canto,
a la orilla del Rhin; y del divino
Wolfgang la larga cabellera, el manto;
y de la uva teutona el blanco vino.

O amor lleno de sol, amor de España,
amor lleno de púrpuras y oros;
amor que da el clavel, la flor extraña
regada con la sangre de los toros;

flor de gitanas, flor que amor recela,
amor de sangre y luz, pasiones locas;
flor que trasciende a clavo y a canela,
roja cual las heridas y las bocas.

¿Los amores exóticos acaso...?
Como rosa de Oriente me fascinas:
me deleitan la seda, el oro, el raso.
Gautier adoraba a las princesas chinas.

¡Oh bello amor de mil genuflexiones;
torres de caolín, pies imposibles,
tazas de té, tortugas y dragones,
y verdes arrozales apacibles!

Ámame en chino, en el sonoro chino
de Li-Tai-Pe. Yo igualaré a los sabios
poetas que interpretan el destino;
madrigalizaré junto a tus labios.

Diré que eres más bella que la luna;
que el tesoro del cielo es menos rico
que el tesoro que vela la importuna
caricia de marfil de tu abanico.

Ámame, japonesa, japonesa
antigua, que no sepa de naciones
occidentales: tal una princesa
con las pupilas llenas de visiones,

que aún ignorase en la sagrada Kioto,
en su labrado camarín de plata,
ornado al par de crisantemo y loto,
la civilización de Yamagata.

O con amor hindú que alza sus llamas
en la visión suprema de los mitos,
y hace temblar en misteriosas bramas
la iniciación de los sagrados ritos,

en tanto mueven tigres y panteras
sus hierros, y en los fuertes elefantes
sueñan con ideales bayaderas
los rajás constelados de brillantes.

O negra, negra como la que canta
en su Jerusalén el rey hermoso,
negra que haga brotar bajo su planta
la rosa y la cicuta del reposo...

Amor, en fin, que todo diga y cante,
amor que encante y deje sorprendida
a la serpiente de ojos de diamante
que está enroscada al árbol de la vida.

Ámame así, fatal, cosmopolita,
universal, inmensa, única, sola
y todas; misteriosa y erudita:
ámame mar y nube, espuma y ola.

Sé mi reina de Saba, mi tesoro;
descansa en mis palacios solitarios.
Duerme. Yo encenderé los incensarios.
Y junto a mi unicornio cuerno de oro,
tendrán rosas y miel tus dromedarios.

                Tigre Hotel, diciembre de 1894.

SONATINA

La princesa está triste... ¿Qué tendrá la princesa?
Los suspiros se escapan de su boca de fresa,
que ha perdido la risa, que ha perdido el color.
La princesa está pálida en su silla de oro,
está mudo el teclado de su clave sonoro;
y en un vaso olvidada se desmaya una flor.

El jardín puebla el triunfo de los pavos-reales.
Parlanchina, la dueña dice cosas banales,
y, vestido de rojo, piruetea el bufón.
La princesa no ríe, la princesa no siente;
la princesa persigue por el cielo de Oriente
la libélula vaga de una vaga ilusión.

¿Piensa acaso en el príncipe de Golconda o de China,
o en el que ha detenido su carroza argentina
para ver de sus ojos la dulzura de luz?
¿O en el rey de las Islas de las Rosas fragantes,
o en el que es soberano de los claros diamantes,
o en el dueño orgulloso de las perlas de Ormuz?

¡Ay! La pobre princesa de la boca de rosa
quiere ser golondrina, quiere ser mariposa,
tener alas ligeras, bajo el cielo volar,
ir al sol por la escala luminosa de un rayo,
saludar a los lirios con los versos de mayo,
o perderse en el viento sobre el trueno del mar.

Ya no quiere el palacio, ni la rueca de plata,
ni el halcón encantado, ni el bufón escarlata,
ni los cisnes unánimes en el lago de azur.
Y están tristes las flores por la flor de la corte;
los jazmines de Oriente, los nelumbos del Norte,
de Occidente las dalias y las rosas del Sur.

¡Pobrecita princesa de los ojos azules!
Está presa en sus oros, está presa en sus tules,
en la jaula de mármol del palacio real,
el palacio soberbio que vigilan los guardas,
que custodian cien negros con sus cien alabardas,
un lebrel que no duerme y un dragón colosal.

¡Oh quién fuera hipsipila que dejó la crisálida!
(La princesa está triste. La princesa está pálida)
¡Oh visión adorada de oro, rosa y marfil!
¡Quién volara a la tierra donde un príncipe existe
(La princesa está pálida. La princesa está triste)
más brillante que el alba, más hermoso que abril!

—¡Calla, calla, princesa —dice el hada madrina—,
en caballo con alas, hacia acá se encamina,
en el cinto la espada y en la mano el azor,
el feliz caballero que te adora sin verte,
y que llega de lejos, vencedor de la Muerte,
a encenderte los labios con su beso de amor!

(1893)

VERLAINE

A Ángel Estrada, poeta

RESPONSO

Padre y maestro mágico, liróforo celeste
que al instrumento olímpico y a la siringa agreste
 diste tu acento encantador;
¡Panida! Pan tú mismo, que coros condujiste
hacia el propíleo sacro que amaba tu alma triste,
 ¡al son del sistro y del tambor!

Que tu sepulcro cubra de flores Primavera,
que se humedezca el áspero hocico de la fiera
 de amor si pasa por allí;

que el fúnebre recinto visite Pan bicorne;
que de sangrientas rosas el fresco abril te adorne
      y de claveles de rubí.

Que si posarse quiere sobre la tumba el cuervo,
ahuyenten la negrura del pájaro protervo
      el dulce canto de cristal
que Filomela vierta sobre tus tristes huesos,
o la harmonía dulce de risas y de besos
      de culto oculto y florestal.

Que púberes canéforas te ofrenden el acanto,
que sobre tu sepulcro no se derrame el llanto,
      sino rocío, vino, miel;
que el pámpano allí brote, las flores de Citeres,
y que se escuchen vagos suspiros de mujeres
      ¡bajo un simbólico laurel!

Que si un pastor su pífano bajo el frescor del haya,
en amorosos días, como en Virgilio, ensaya,
      tu nombre ponga en la canción;
y que la virgen náyade, cuando ese nombre escuche
con ansias y temores entre las linfas luche,
      llena de miedo y de pasión.

De noche, en la montaña, en la negra montaña
de las Visiones, pase gigante sombra extraña,
      sombra de un Sátiro espectral;
que ella al centauro adusto con su grandeza asuste;
de una extra-humana flauta la melodía ajuste
      a la harmonía sideral.

Y huya el tropel equino por la montaña vasta;
tu rostro de ultratumba bañe la luna casta
      de compasiva y blanca luz;

y el Sátiro contemple sobre un lejano monte
una cruz que se eleve cubriendo el horizonte
 ¡y un resplandor sobre la cruz!

(1896)

CANTO DE LA SANGRE

A Miguel Escalada

Sangre de Abel. Clarín de las batallas.
Luchas fraternales; estruendos, horrores;
flotan las banderas, hieren las metrallas,
y visten la púrpura los emperadores.

Sangre del Cristo. El órgano sonoro.
La viña celeste da el celeste vino;
y en el labio sacro del cáliz de oro
las almas se abrevan del vino divino.

Sangre de los martirios. El salterio.
Hogueras; leones, palmas vencedoras;
los heraldos rojos con que del misterio
vienen precedidas las grandes auroras.

Sangre que vierte el cazador. El cuerno.
Furias escarlatas y rojos destinos
forjan en las fraguas del obscuro Infierno
las fatales armas de los asesinos,

¡Oh sangre de las vírgenes! La lira.
Encanto de abejas y de mariposas.
La estrella de Venus desde el cielo mira
el purpúreo triunfo de las reinas rosas.

Sangre que la Ley vierte.
Tambor a la sordina.
Brotan las adelfas que riega la Muerte
y el rojo cometa que anuncia la ruina.

Sangre de los suicidas. Organillo.
Fanfarrias macabras, responsos corales,
con que de Saturno celébrase el brillo
en los manicomios y en los hospitales.

(1896)

EL REINO INTERIOR

A Eugenio de Castro

...with Psychis, my soul!

Poe

Una selva suntuosa
en el azul celeste su rudo perfil calca.
Un camino. La tierra es de color de rosa,
cual la que pinta fra Doménico Cavalca
en sus Vidas de santos. Se ven extrañas flores
de la flora gloriosa de los cuentos azules,
y entre las ramas encantadas, papemores
cuyo canto extasiara de amor a los bulbules[1].

Mi alma frágil se asoma a la ventana obscura
de la torre terrible en que ha treinta años sueña.
La gentil Primavera primavera le augura.

[1] *Papemores:* ave rara. *Bulbules:* ruiseñores.

La vida le sonríe rosada y halagüeña.
Y ella exclama: "¡Oh fragante día! ¡Oh sublime día!
sobre el rosado suelo, como una flor de nieve.
Y los cuellos se inclinan, imperiales, en una
manera que lo excelso pregona de su origen.
Como al compás de un verso, su suave paso rigen.
Tal el divino Sandro dejara en sus figuras
esos graciosos gestos en esas líneas puras.
Como a un velado son de liras y laúdes,
divinamente blancas y castas pasan esas
siete bellas princesas. Y esas bellas princesas
son las siete Virtudes.

Al lado izquierdo del camino y paralela-
mente, siete mancebos —oro, seda, escarlata,
armas ricas de Oriente— hermosos, parecidos
a los satanes verlenianos de Ecbatana,
vienen también. Sus labios sensuales y encendidos,
de efebos criminales, son cual rosas sangrientas;
Se diría que el mundo está en flor; se diría
que el corazón sagrado de la tierra se mueve
con un ritmo de dicha: luz brota, gracia llueve.
¡Yo soy la prisionera que sonríe y que canta!"
Y las manos liliales agita, como infanta
real en los balcones del palacio paterno.

¿Qué son se escucha, son lejano, vago y tierno?
Por el lado derecho del camino adelanta,
el paso leve, una adorable teoría
virginal. Siete blancas doncellas, semejantes
a siete blancas rosas de gracia y de armonía
que el alba constelara de perlas y diamantes.
¡Alabastros celestes habitados por astros:
Dios se refleja en esos dulces alabastros!
Sus vestes son tejidas del lino de la luna.
Van descalzas. Se mira que posan el pie breve

sus puñales, de piedras preciosas revestidos
—ojos de víboras de luces fascinantes—,
al cinto penden; arden las púrpuras violentas
en los jubones; ciñen las cabezas triunfantes
oro y rosas; sus ojos, ya lánguidos, ya ardientes,
son dos carbunclos mágicos de fulgor sibilino,
y en sus manos de ambiguos príncipes decadentes
relucen como gemas las uñas de oro fino.
Bellamente infernales,
llenan el aire de hechiceros beneficios
esos siete mancebos. Y son los siete Vicios,
los siete poderosos pecados capitales.

Y los siete mancebos a las siete doncellas
lanzan vivas miradas de amor: las Tentaciones.
De sus liras melifluas arrancan vagos sones.
Las princesas prosiguen, adorables visiones
en su blancura de palomas y de estrellas.

Unos y otras se pierden por la vía de rosas,
y el alma mía queda pensativa a su paso.
"¡Oh!, ¿qué hay en ti, alma mía?
¡Oh!, ¿qué hay en ti, mi pobre infanta misteriosa?
¿Acaso piensas en la blanca teoría?
¿Acaso
los brillantes mancebos te atraen, mariposa?"

Ella no me responde.
Pensativa se aleja de la obscura ventana
—pensativa y risueña,
de la Bella-Durmiente-del-Bosque tierna hermana—
y se adormece en donde
hace treinta años sueña.

Y en sueños dice: "¡Oh dulces delicias de los cielos!
¡Oh tierra sonrosada que acarició mis ojos!

—¡Princesas, envolvedme con vuestros blancos velos!
—¡Príncipes, estrechadme con vuestros brazos rojos!"

(1896)

A LOS POETAS RISUEÑOS

Anacreonte, padre de la sana alegría;
Ovidio, sacerdote de la ciencia amorosa;
Quevedo, en cuyo cáliz licor jovial rebosa:
Banville, insigne orfeo de la sacra Harmonía;
y con vosotros toda la grey hija del día,
a quien habla el amante corazón de la rosa,
abejas que fabrican sobre la humana prosa
en sus Himetos mágicos mieles de poesía:

prefiero vuestra risa sonora, vuestra musa
risueña, vuestros versos perfumados de vino,
a los versos de sombra y a la canción confusa

que opone el numen bárbaro al resplandor latino;
y ante la fiera máscara de la fatal Medusa,
medrosa huye mi alondra de canto cristalino.

(1899)

EL CISNE

A Charles Del Gouffre

Fue en una hora divina para el género humano.
El Cisne antes cantaba sólo para morir.
Cuando se oyó el acento del Cisne wagneriano
fue en medio de una aurora, fue para revivir.

Sobre las tempestades del humano océano
se oye el canto del Cisne; no se cesa de oír,
dominando el martillo del viejo Thor germano
o las trompas que cantan la espada de Angantir.

¡Oh Cisne! ¡Oh sacro pájaro! Si antes la blanca Helena
del huevo azul de Leda brotó de gracia llena,
siendo de la Hermosura la princesa inmortal,
bajo tus blancas alas la nueva Poesía
concibe en una gloria de luz y de armonía
la Helena eterna y pura que encarna el ideal.

POR UN MOMENTO, OH CISNE...

Por un momento, oh Cisne, juntaré mis anhelos
a los de tus dos alas que abrazaron a Leda,
y a mi maduro ensueño, de un vestido de seda,
dirás, por los Dioscuros, la gloria de los cielos.

Es el otoño. Ruedan de la flauta consuelos.
Por un instante, oh Cisne, en la obscura alameda
sorberé entre los labios lo que el Pudor me veda,
y dejaré mordidos Escrúpulos y Celos.

Cisne, tendré tus alas blancas por un instante,
y el corazón de rosa que hay en tu dulce pecho
palpitará en el mío con su sangre constante.

Amor será dichoso, pues estará vibrante
el júbilo que pone al gran Pan en acecho
mientras su ritmo esconde la fuente de diamante.

BLASÓN

Para la marquesa de Peralta

El olímpico cisne de nieve
con el ágata rosa del pico
lustra el ala eucarística y breve
que abre al sol como un casto abanico.

En la forma de un brazo de lira
y del asa de un ánfora griega
es su cándido cuello que inspira
como prora ideal que navega.

Es el cisne, de estirpe sagrada,
cuyo beso, por campos de seda,
ascendió hasta la cima rosada
de las dulces colinas de Leda.

Blanco rey de la fuente Castalia,
su victoria ilumina el Danubio;
Vinci fue su barón en Italia;
Lohengrin es su príncipe rubio.

Su blancura es hermana del lino,
del botón de los blancos rosales
y del albo toisón diamantino
de los tiernos corderos pascuales.

Rimador de ideal florilegio,
es de armiño su lírico manto,
y es el mágico pájaro regio
que al morir rima el alma en un canto.

El alado aristócrata muestra
lises albos en campo de azur,
y ha sentido en sus plumas la diestra
de la amable y gentil Pompadour.

Boga y boga en el lago sonoro
donde el sueño a los tristes espera,
donde aguarda una góndola de oro
a la novia de Luis de Baviera.

Dad, marquesa, a los cisnes cariño,
dioses son de un país halagüeño
y hechos son de perfume, de armiño,
de luz alba, de seda y de sueño.

(1892)

YO SOY AQUEL...

A José Enrique Rodó

Yo soy aquel que ayer no más decía
el verso azul y la canción profana,
en cuya noche un ruiseñor había
que era alondra de luz por la mañana.

El dueño fui de mi jardín de sueño,
lleno de rosas y de cisnes vagos;
el dueño de las tórtolas, el dueño
de góndolas y liras en los lagos;

y muy siglo dieciocho y muy antiguo
y muy moderno; audaz, cosmopolita;
con Hugo fuerte y con Verlaine ambiguo,
y una sed de ilusiones infinita.

Yo supe de dolor desde mi infancia,
mi juventud... ¿fue juventud la mía?
Sus rosas aún me dejan la fragancia...
una fragancia de melancolía...

Potro sin freno se lanzó mi instinto,
mi juventud montó potro sin freno;
iba embriagada y con puñal al cinto;
si no cayó, fue porque Dios es bueno.

En mi jardín se vio una estatua bella;
se juzgó mármol y era carne viva;
un alma joven habitaba en ella,
sentimental, sensible, sensitiva.

Y tímida ante el mundo, de manera
que encerrada en silencio no salía,
sino cuando en la dulce primavera
era la hora de la melodía...

Hora de ocaso y de discreto beso;
hora crepuscular y de retiro;
hora de madrigal y de embeleso,
de "te adoro", de "¡ay" y de suspiro.

Y entonces era en la dulzaina un juego
de misteriosas gamas cristalinas,
un renovar de notas del Pan griego
y un desgranar de músicas latinas.

Con aire tal y con ardor tan vivo,
que a la estatua nacían de repente
en el muslo viril patas de chivo,
y dos cuernos de sátiro en la frente.

Como la Galatea gongorina
me encantó la marquesa verleniana,
y así juntaba a la pasión divina
una sensual hiperestesia humana;

todo ansia, todo ardor, sensación pura,
y vigor natural; y sin falsía,
y sin comedia y sin literatura...:
si hay un alma sincera, ésa es la mía.

La torre de marfil tentó mi anhelo;
quise encerrarme dentro de mí mismo,
y tuve hambre de espacio y sed de cielo
desde las sombras de mi propio abismo.

Como la esponja que la sal satura
en el jugo del mar, fue el dulce y tierno
corazón mío, henchido de amargura
por el mundo, la carne y el infierno.

Mas, por gracia de Dios, en mi conciencia
el Bien supo elegir la mejor parte;
y si hubo áspera hiel en mi existencia,
melificó toda actitud el Arte.

Mi intelecto libré de pensar bajo,
bañó el agua castalia el alma mía,
peregrinó mi corazón y trajo
de la sagrada selva la armonía.

¡Oh, la selva sagrada! ¡Oh, la profunda
emanación del corazón divino
de la sagrada selva! ¡Oh, la fecunda
fuente cuya virtud vence al destino!

Bosque ideal que lo real complica,
allí el cuerpo arde y vive y Psiquis vuela;
mientras abajo el sátiro fornica,
ebria de azul deslíe Filomena.

Perla de ensueño y música amorosa
en la cúpula en flor del laurel verde,
Hipsipila sutil liba en la rosa,
y la boca del fauno el pezón muerde.

Allí va el dios en celo tras la hembra,
y la caña de Pan se alza del lodo;
la eterna vida sus semillas siembra,
y brota la armonía del gran Todo.

El alma que entra allí debe ir desnuda,
temblando de deseo y fiebre santa,
sobre cardo heridor y espina aguda:
así sueña, así vibra y así canta.

Vida, luz y verdad, tal triple llama
produce la interior llama infinita.
El Arte puro como Cristo exclama:
Ego sum lux et veritas et vita!

Y la vida es misterio, la luz ciega
y la verdad inaccesible asombra;
la adusta perfección jamás se entrega,
y el secreto ideal duerme en la sombra.

Por eso ser sincero es ser potente;
de desnuda que está, brilla la estrella;
el agua dice el alma de la fuente
en la voz de cristal que fluye de ella.

Tal fue mi intento, hacer del alma pura
mía, una estrella, una fuente sonora,
con el horror de la literatura
y loco de crepúsculo y de aurora.

Del crepúsculo azul que da la pauta
que los celestes éxtasis inspira,
bruma y tono menor —¡toda la flauta!,
y Aurora, hija del Sol— ¡toda la lira!

Pasó una piedra que lanzó una honda;
pasó una flecha que aguzó un violento.
La piedra de la honda fue a la onda,
y la flecha del odio fuese al viento.

La virtud está en ser tranquilo y fuerte;
con el fuego interior todo se abrasa;
se triunfa del rencor y de la muerte,
y hacia Belén... ¡la caravana pasa!

(1904)

SALUTACIÓN A LEONARDO

Maestro, Pomona levanta su cesto. Tu estirpe
saluda la aurora. ¡Tu aurora! Que extirpe
de la indiferencia la mancha; que gaste
la dura cadena de siglos; que aplaste

al sapo la piedra de su honda.
Sonrisa más dulce no sabe Gioconda.
El verso su ala y el ritmo su honda
hermanan en una
dulzura de luna
que suave resbala
(el ritmo de la onda y el verso del ala
del mágico Cisne, sobre la laguna)
sobre la laguna.

Y así, soberano maestro
del estro,
las vagas figuras
del sueño se encarnan en líneas tan puras,
que el sueño
recibe la sangre del mundo mortal,
y Psiquis consigue su empeño
de ser advertida a través del terrestre cristal.

(Los bufones
que hacen sonreír a Monna Lisa,
saben canciones
que ha tiempo en los bosques de Grecia decía la risa
de la brisa.)

Pasa Su Eminencia.
Como flor o pecado en su traje
rojo;
como flor o pecado, o conciencia
de sutil monseñor que a su paje
mira con vago recelo o enojo.
Nápoles deja a la abeja de oro
hacer su miel
en su fiesta de azul, y el sonoro
bandolín y el laurel
nos anuncian Florencia.

Maestro, si allá en Roma
quema el sol de Segor y Sodoma
la amarga ciencia
de purpúreas banderas, tu gesto
las palmas nos da redimidas
bajo los arcos
de tu genio: San Marcos
y Partenón de luces y líneas y vidas.

(Tus bufones
que hacen la risa
de Monna Lisa
saben tus antiguas canciones.)

Los leones de Asuero
junto al trono para recibirte,
mientras sonríe el divino Monarca;
pero
hallarás la sirte,
la sirte para tu Parca
si partís en la lírica barca
con tu Gioconda...
La onda
y el viento
saben la tempestad para tu cargamento.

¡Maestro!
Pero tú en cabalgar y domar fuiste diestro;
pasiones e ilusiones:
a unas con el freno, a otras con el cabestro
las domaste, cebras o leones.
Y en la selva del Sol, prisionera
tuviste la fiera
de la luz; y esa loca fue casta
cuando dijiste: "¡Basta!".
Seis meses maceraste tu Ester en tus aromas.

De tus techos reales volaron las palomas.
Por tu cetro y su gracia sensitiva,
Por tu copa de oro en que sueñan las rosas,
en mi ciudad, que es tu cautiva,
tengo un jardín de mármol y de piedras preciosas
que custodia una esfinge viva.

(1900)

MARCHA TRIUNFAL

¡Ya viene el cortejo!
¡Ya viene el cortejo! Ya se oyen los claros clarines.
¡La espada se anuncia con vivo reflejo;
ya viene, oro y hierro, el cortejo de los paladines!

Ya pasa debajo los arcos ornados de blancas Minervas
 y Martes,
los arcos triunfales en donde las famas erigen sus
 largas trompetas,
la gloria solemne de los estandartes
llevados por manos robustas de heroicos atletas.
Se escucha el ruido que forman las armas de los
 caballeros,
los frenos que mascan los fuertes caballos de guerra,
los cascos que hieren la tierra,
y los timbaleros
que el paso acompasan con ritmos marciales.
¡Tal pasan los fieros guerreros
debajo los arcos triunfales!

Los claros clarines de pronto levantan sus sones,
su canto sonoro,
su cálido coro,

que envuelve en su trueno de oro
la augusta soberbia de los pabellones.
Él dice la lucha, la herida venganza,
las ásperas crines,
los rudos penachos, la pica, la lanza,
la sangre que riega de heroicos carmines
la tierra,
los negros mastines
que azuza la muerte, que rige la guerra.

Los áureos sonidos
anuncian el advenimiento
triunfal de la Gloria;
dejando el picacho que guarda sus nidos,
tendiendo sus alas enormes al viento,
los cóndores llegan. ¡Llegó la victoria!

Ya pasa el cortejo.
Señala el abuelo los héroes al niño:
ved cómo la barba del viejo
los bucles de oro circunda de armiño.
Las bellas mujeres aprestan coronas de flores,
y bajo los pórticos vense sus rostros de rosa;
y la más hermosa
sonríe al más fiero de los vencedores.
¡Honor al que trae cautiva la extraña bandera!
¡Honor al herido, y honor a los fieles
soldados que muerte encontraron por mano extranjera!
¡Clarines! ¡Laureles!

Las nobles espadas de tiempos gloriosos
desde sus panoplias saludan las nuevas coronas y
  lauros.
Las viejas espadas de los granaderos más fuertes que
  osos,
hermanos de aquellos lanceros que fueron centauros.

Las trompas guerreras resuenan;
de voces, los aires se llenan...
—A aquellas antiguas espadas,
a aquellos ilustres aceros,
que encarnan las glorias pasadas,
y al sol que hoy alumbra las nuevas victorias ganadas,
y al héroe que guía su grupo de jóvenes fieros,
al que ama la insignia del suelo materno,
al que ha desafiado, ceñido el acero y el arma en la
    mano,
los soles del rojo verano,
las nieves y vientos del gélido invierno,
la noche, la escarcha,
y el odio y la muerte, por ser por la patria inmortal,
¡saludan con voces de bronce las trompas de guerra
    que tocan la marcha
triunfal!...

(1895)

CANTO DE ESPERANZA

Un gran vuelo de cuervos mancha el azul celeste.
Un soplo milenario trae amagos de peste.
Se asesinan los hombres en el extremo Este.

¿Ha nacido el apocalíptico Anticristo?
Se han sabido presagios y prodigios se han visto
y parece inminente el retorno del Cristo.

La tierra está preñada de dolor tan profundo
que el soñador, imperial meditabundo,
sufre con las angustias del corazón del mundo.

Verdugos de ideales afligieron la tierra,
en un pozo de sombra la humanidad se encierra
con los rudos molosos del odio y de la guerra.

¡Oh, Señor Jesucristo!, ¿por qué tardas, qué esperas
para tender tu mano de luz sobre las fieras
y hacer brillar al sol tus divinas banderas?

Surge de pronto y vierte la esencia de la vida
sobre tanta alma loca, triste o empedernida
que, amante de tinieblas, tu dulce aurora olvida.

Ven, Señor, para hacer la gloria de ti mismo,
ven con temblor de estrellas y horror de cataclismo,
ven a traer amor y paz sobre el abismo.

Y tu caballo blanco, que miró el visionario,
pase. Y suene el divino clarín extraordinario.
Mi corazón será brasa de tu incensario.

(¿1904?)

EL CANTO ERRANTE

El cantor va por todo el mundo
sonriente o meditabundo.

El cantor va sobre la tierra
en blanca paz o en roja guerra.

Sobre el lomo del elefante
por la enorme India alucinante.

En palanquín de seda fina
por el corazón de la China;

en automóvil en Lutecia;
en negra góndola en Venecia;

sobre las pampas y los llanos
en los potros americanos;

por el río va en la canoa,
o se le ve sobre la proa

de un *steamer* sobre el vasto mar,
o en un vagón de *sleeping-car*.

El dromedario del desierto,
barco vivo, le lleva a un puerto.

Sobre el raudo trineo trepa
en la blancura de la estepa.

O en el silencio de cristal
que ama la aurora boreal.

El cantor va a pie por los prados,
entre las siembras y ganados.

Y entra en su Londres en el tren,
y en asno a su Jerusalén.

Con estafetas y con malas,
va el cantor por la humanidad.

En canto vuela, con sus alas:
Armonía y Eternidad.

METEMPSICOSIS

Yo fui un soldado que durmió en el lecho
de Cleopatra la reina. Su blancura
y su mirada astral y omnipotente.
      Eso fue todo.

¡Oh, mirada!, ¡oh, blancura y oh aquel lecho
en que estaba radiante la blancura!
¡Oh, la rosa marmórea omnipotente!
      Eso fue todo.

Y crujió su espinazo por mi brazo;
y yo, liberto, hice olvidar a Antonio,
(¡Oh, el lecho y la mirada y la blancura!)
      Eso fue todo.

Yo Rufo Galo, fui soldado, y sangre
tuve de Galia, y la imperial becerra
me dio un minuto audaz de su capricho.
      Eso fue todo.

¿Por qué en aquel espasmo las tenazas
de mis dedos de bronce no apretaron
el cuello de la blanca reina en broma?
      Eso fue todo.

Yo fui llevado a Egipto. La cadena
tuve al pescuezo. Fui comido un día
por los perros. Mi nombre, Rufo Galo.
      Eso fue todo.

                                          (1893)

LOS MOTIVOS DEL LOBO

El varón que tiene corazón de lis,
alma de querube, lengua celestial,
el mínimo y dulce Francisco de Asís,
está con un rudo y torvo animal,
bestia temerosa, de sangre y de robo,
las fauces de furia, los ojos de mal:
¡el lobo de Gubbio, el terrible lobo!
Rabioso, ha asolado los alrededores;
cruel, ha deshecho todos los rebaños;
devoró corderos, devoró pastores,
y son incontables sus muertes y daños.

Fuertes cazadores armados de hierros
fueron destrozados. Los duros colmillos
dieron cuenta de los más bravos perros,
como de cabritos y de corderillos.

Francisco salió:
al lobo buscó
en su madriguera.
Cerca de la cueva encontró a la fiera
enorme, que al verle se lanzó feroz
contra él. Francisco, con su dulce voz,
alzando la mano,
al lobo furioso dijo: —*¡Paz, hermano
lobo!* El animal
contempló al varón de tosco sayal;
dejó su aire arisco,
cerró las abiertas fauces agresivas,
y dijo: —*¡Está bien, hermano Francisco!*
—*¡Cómo!* —exclamó el santo—. *¿Es ley que tú vivas
de horror y de muerte?*

¿La sangre que vierte
tu hocico diabólico, el duelo y espanto
que esparces, el llanto
de los campesinos, el grito, el dolor
de tanta criatura de Nuestro Señor,
no han de contener tu encono infernal?
¿Vienes del infierno?
¿Te ha infundido acaso su rencor eterno
Luzbel o Belial?
Y el gran lobo, humilde: —¡Es duro el invierno
y es horrible el hambre! En el bosque helado
no hallé qué comer; y busqué el ganado,
y a veces comí ganado y pastor.
¿La sangre? Yo vi más de un cazador
sobre su caballo, llevando el azor
al puño; o correr tras el jabalí,
el oso o el ciervo; y a más de uno vi
mancharse de sangre, herir, torturar,
de las roncas trompas al sordo clamor,
a los animales de Nuestro Señor.
¡Y no era por hambre, que iban a cazar!
Francisco responde: —En el hombre existe
mala levadura.
Cuando nace, viene con pecado. Es triste.
Mas el alma simple de la bestia es pura.
Tú vas a tener
desde hoy qué comer.
Dejarás en paz
rebaños y gente en este país.
¡Qué Dios melifique tu ser montaraz!
—Está bien, hermano Francisco de Asís.
—Ante el Señor, que todo ata y desata,
en fe de promesa tiéndeme la pata.

El lobo tendió la pata al hermano
de Asís, que a su vez le alargó la mano.

Fueron a la aldea. La gente veía
y lo que miraba casi no creía.
Tras el religioso iba el lobo fiero,
y, baja la testa, quieto le seguía
como un can de casa, o como un cordero.

Francisco llamó la gente a la plaza
y allí predicó.
Y dijo: —*He aquí una amable caza.*
El hermano lobo se viene conmigo;
me juró no ser ya vuestro enemigo,
y no repetir su ataque sangriento.
Vosotros, en cambio, daréis su alimento
a la pobre bestia de Dios. —*¡Así sea!,*
contestó la gente toda de la aldea.
Y luego, en señal
de contentamiento,
movió testa y cola el buen animal,
y entró con Francisco de Asís al convento.
Algún tiempo estuvo el lobo tranquilo
en el santo asilo.
Sus bastas orejas los salmos oían
y los claros ojos se le humedecían.
Aprendió mil gracias y hacía mil juegos
cuando a la cocina iba con los legos.
Y cuando Francisco su oración hacía,
el lobo las pobres sandalias lamía.
Salía a la calle,
iba por el monte, descendía al valle,
entraba en las casas y le daban algo
de comer. Mirábanle como a un manso galgo.

Un día, Francisco se ausentó. Y el lobo
dulce, el lobo manso y bueno, el lobo probo,
desapareció, tornó a la montaña,
y recomenzaron su aullido y su saña.

Otra vez sintióse el temor, la alarma,
entre los vecinos y entre los pastores;
colmaba el espanto los alrededores,
de nada servían el valor y el arma,
pues la bestia fiera
no dio treguas a su furor jamás,
como si tuviera
fuegos de Moloch y de Satanás.

Cuando volvió al pueblo el divino santo
todos le buscaron con quejas y llanto,
y con mil querellas dieron testimonio
de lo que sufrían y perdían tanto
por aquel infame lobo del demonio.

Francisco de Asís se puso severo.
Se fue a la montaña
a buscar al falso lobo carnicero.
Y junto a su cueva halló a la alimaña.
—*En nombre del Padre del sacro universo,
conjúrote,* dijo, *¡oh lobo perverso!,
a que me respondas: ¿Por qué has vuelto al mal?
Contesta. Te escucho.*
Como en sorda lucha, habló el animal,
la boca espumosa y el ojo fatal:
—*Hermano Francisco, no te acerques mucho...
Yo estaba tranquilo allá en el convento;
al pueblo salía,
y si algo me daban estaba contento
y manso comía.
Mas empecé a ver que en todas las casas
estaban la Envidia, la Saña, la Ira,
y en todos los rostros ardían las brasas
de odio, de lujuria, de infamia y mentira.
Hermanos a hermanos hacían la guerra,
perdían los débiles, ganaban los malos,*

hembra y macho eran como perro y perra,
y un buen día todos me dieron de palos.
Me vieron humilde, lamía las manos
y los pies. Seguía tus sagradas leyes,
todas las criaturas eran mis hermanos:
los hermanos hombres, los hermanos bueyes,
hermanas estrellas y hermanos gusanos.
Y así, me apalearon y me echaron fuera.
Y su risa fue como un agua hirviente,
y entre mis entrañas revivió la fiera,
y me sentí lobo malo de repente;
mas siempre mejor que esa mala gente.
Y recomencé a luchar aquí,
a me defender y a me alimentar.
Como el oso hace, como el jabalí,
que para vivir tienen que matar.
Déjame en el monte, déjame en el risco,
déjame existir en mi libertad,
vete a tu convento, hermano Francisco,
sigue tu camino y tu santidad.

El santo de Asís no le dijo nada.
Le miró con una profunda mirada,
y partió con lágrimas y con desconsuelos,
y habló al Dios eterno con su corazón.
El viento del bosque llevó su oración,
que era: *"Padre nuestro, que estás en los cielos..."*

(París, diciembre de 1913)

LA CANCIÓN DE LOS PINOS

¡Oh pinos, oh hermanos en tierra y ambiente,
yo os amo! Sois dulces, sois buenos, sois graves,
Diríase un árbol que piensa y que siente,
mimado de auroras, poetas y aves.

Tocó vuestra frente la alada sandalia;
habéis sido mástil, proscenio, curul,
¡oh pinos solares, oh pinos de Italia,
bañados de gracia, de gloria, de azul!

Sombríos, sin oro del sol, taciturnos,
en medio de brumas glaciales y en
montañas de ensueños, oh pinos nocturnos,
¡oh pinos del norte, sois bellos también!

Con gestos de estatuas, de mimos, de actores,
tendiendo a la dulce caricia del mar,
¡oh pinos de Nápoles, rodeados de flores,
oh pinos divinos, no os puedo olvidar!

Cuando en mis errantes pasos peregrinos
la Isla Dorada me ha dado un rincón
do soñar mis sueños, encontré los pinos,
los pinos amados de mi corazón.

Amados por tristes, por blandos, por bellos.
Por su aroma, aroma de una inmensa flor,
por su aire de monjes, sus largos cabellos,
sus savias, rüidos y nidos de amor.

¡Oh pinos antiguos que agitara el viento
de las epopeyas, amados del sol!
¡Oh líricos pinos del Renacimiento,
y de los jardines del suelo español!

Los brazos eolios se mueven al paso
del aire violento que forma al pasar
ruidos de pluma, ruidos de raso,
ruidos de agua y espumas de mar.

¡Oh noche en que trajo tu mano, Destino,
aquella amargura que aún hoy es dolor!
La luna argentaba lo negro de un pino,
y fui consolado por un ruiseñor.

Románticos somos... ¿Quién que Es, no es romántico!
Aquel que no sienta ni amor ni dolor,
aquel que no sepa de beso y de cántico,
que se ahorque de un pino: será lo mejor...

Yo no. Yo persisto. Pretéritas normas
confirman mi anhelo, mi ser, mi existir.
¡Yo soy el amante de ensueños y formas
que viene de lejos y va al porvenir!

(1907)

¡EHEU!

Aquí, junto al mar latino
digo la verdad:
Siento en roca, aceite y vino,
yo mi antigüedad.

¡Oh, qué anciano soy, Dios santo!
¡Oh, qué anciano soy!...
¿De dónde viene mi canto?
Y yo, ¿adónde voy?

El conocerme a mí mismo
ya me va costando
muchos momentos de abismo
y el cómo y el cuándo...

Y esta claridad latina,
¿de qué me sirvió
a la entrada de la mina
del yo y el no yo?...

Nefelibata contento,
creo interpretar
las confidencias del viento,
la tierra y el mar...

Unas vagas confidencias
del ser y el no ser,
y fragmentos de conciencias
de ahora y ayer.

Como en medio de un desierto
me puse a clamar;
y miré el sol como muerto
y me eché a llorar.

II

AMÉRICA

["LA AMÉRICA FRAGANTE DE CRISTÓBAL COLÓN"]

CAUPOLICÁN

A Enrique Hernández Miyares

Es algo formidable que vio la vieja raza:
robusto tronco de árbol al hombro de un campeón
salvaje y aguerrido, cuya fornida maza
blandiera el brazo de Hércules, o el brazo de Sansón.

Por casco sus cabellos, su pecho por coraza,
pudiera tal guerrero, de Arauco en la región,
lancero de los bosques, Nemrod que todo caza,
desjarretar un toro, o estrangular un león.

Anduvo, anduvo, anduvo. Le vio la luz del día,
le vio la tarde pálida, le vio la noche fría,
y siempre el tronco de árbol a cuestas del titán.

"¡El Toqui, el Toqui!", clama la conmovida casta.
Anduvo, anduvo, anduvo. La Aurora dijo: "Basta",
e irguióse la alta frente del gran Caupolicán.

WALT WHITMAN

En su país de hierro vive el gran viejo,
bello como un patriarca, sereno y santo.
Tiene en la arruga olímpica de su entrecejo
algo que impera y vence con noble encanto.

Su alma del infinito parece espejo;
son sus cansados hombros dignos del manto,
y con arpa labrada de un roble añejo
como un profeta nuevo canta su canto.

Sacerdote que alienta soplo divino,
anuncia en el futuro tiempo mejor.
Dice al águila: "¡Vuela!", "¡Boga!" al marino,

y "¡Trabaja!" al robusto trabajador.
¡Así va ese poeta por el camino
con su soberbio rostro de emperador!

(1890)

DEL CAMPO

¡Pradera, feliz día! Del regio Buenos Aires
quedaron allá lejos el fuego y el hervor;
hoy en tu verde triunfo tendrán mis sueños vida,
respiraré tu aliento, me bañaré en tu sol.

Muy buenos días, huerto. Saludo la frescura
que brota de las ramas de tu durazno en flor;
formada de rosales tu calle de Florida
mira pasar la Gloria, la Banca y el Sport.

Un pájaro poeta rumia en su buche versos;
chismoso y petulante, charlando va un gorrión;
las plantas trepadoras conversan de política;
las rosas y los lirios, del arte y del amor.

Rigiendo su cuadriga de mágicas libélulas,
de sueños millonario, pasa el travieso Puck;
y, espléndida sportwoman, en su celeste carro,
la emperatriz Titania seguida de Oberón.

De noche, cuando muestra su medio anillo de oro,
bajo el azul tranquilo, la amada de Pierrot,
es una fiesta pálida la que en el huerto reina,
toca en la lira el aire su do-re-mi-fa-sol.

Curiosas las violetas a su balcón se asoman.
Y una suspira: "¡Lástima que falte el ruiseñor!"
Los silfos acompasan la danza de las brisas
en un walpurgis vago de aroma y de visión.

De pronto se oye el eco del grito de la pampa,
brilla como una puesta del argentino sol;
y un espectral jinete, como una sombra cruza,
sobre su espalda un poncho; sobre su faz, dolor.

—"¿Quién eres, solitario viajero de la noche?"
—"Yo soy la Poesía que un tiempo aquí reinó:
¡Yo soy el postrer gaucho que parte para siempre,
de nuestra vieja patria llevando el corazón!"

(1893)

TARDE DEL TRÓPICO

Es la tarde gris y triste.
Viste el mar de terciopelo
y el cielo profundo viste
de duelo.

Del abismo se levanta
la queja amarga y sonora.
La onda, cuando el viento canta,
llora.

Los violines de la bruma
saludan al sol que muere.
Salmodia la blanca espuma:
miserere.

La armonía el cielo inunda,
y la brisa va a llevar
la canción triste y profunda
del mar.

Del clarín del horizonte
brota sinfonía rara,
como si la voz del monte
vibrara.

Cual si fuese lo invisible...
Cual si fuese el rudo son
que diese al viento un terrible
león.

(1892)

¿QUÉ SIGNO HACES, OH CISNE...?

A Juan Ramón Jiménez

¿Qué signo haces, oh Cisne, con tu encorvado cuello
al paso de los tristes y errantes soñadores?

¿Por qué tan silencioso de ser blanco y ser bello,
tiránico a las aguas e impasible a las flores?

Yo te saludo ahora como en versos latinos
te saludara antaño Publio Ovidio Nasón.
Los mismos ruiseñores cantan los mismos trinos,
y en diferentes lenguas es la misma canción.

A vosotros mi lengua no debe ser extraña.
A Garcilaso visteis, acaso, alguna vez...
Soy un hijo de América, soy un nieto de España...
Quevedo pudo hablaros en verso en Aranjuez...

Cisnes, los abanicos de vuestras alas frescas
den a las frentes pálidas sus caricias más puras
y alejen vuestras blancas figuras pintorescas
de nuestras mentes tristes las ideas obscuras.

Brumas septentrionales nos llenan de tristezas,
se mueren nuestras rosas, se agostan nuestras palmas;
casi no hay ilusiones para nuestras cabezas,
y somos los mendigos de nuestras pobres almas.

Nos predican la guerra con águilas feroces,
gerifaltes de antaño revienen a los puños,
mas no brillan las glorias de las antiguas hoces,
ni hay Rodrigos ni Jaimes, ni hay Alfonsos ni Nuños.

Faltos de los alientos que dan las grandes cosas,
¿qué haremos los poetas sino buscar tus lagos?
A falta de laureles son muy dulces las rosas
y a falta de victorias busquemos los halagos.

La América Española como la España entera
fija está en el Oriente de su fatal destino;

yo interrogo a la Esfinge que el porvenir espera
con la interrogación de tu cuello divino.

¿Seremos entregados a los bárbaros fieros?
¿Tantos millones de hombres hablaremos inglés?
¿Ya no hay nobles hidalgos ni bravos caballeros?
¿Callaremos ahora para llorar después?

He lanzado mi grito, Cisnes, entre vosotros,
que habéis sido los fieles en la desilusión,
mientras siento una fuga de americanos potros
y el estertor postrero de un caduco león...

Y un cisne negro dijo: "La noche anuncia el día",
Y uno blanco: "¡La aurora es inmortal, la aurora
es inmortal!" ¡Oh tierras de sol y de armonía,
aún guarda la Esperanza la caja de Pandora!

SINFONÍA EN GRIS MAYOR

El mar como un vasto cristal azogado
refleja la lámina de un cielo de cinc;
lejanas bandadas de pájaros manchan
el fondo bruñido de pálido gris.

El sol como un vidrio redondo y opaco
con paso de enfermo camina al cenit;
el viento marino descansa en la sombra
teniendo de almohada su negro clarín.

Las ondas que mueven su vientre de plomo
debajo del muelle parecen gemir.
Sentado en un cable, fumando su pipa,
está un marinero pensando en las playas
de un vago, lejano, brumoso país.

Es viejo ese lobo. Tostaron su cara
los rayos de fuego del sol del Brasil;
los recios tifones del mar de la China
le han visto bebiendo su frasco de gin.

La espuma impregnada de yodo y salitre
ha tiempo conoce su roja nariz,
sus crespos cabellos, sus bíceps de atleta,
su gorra de lona, su blusa de dril.

En medio del humo que forma el tabaco
ve el viejo el lejano, brumoso país,
adonde una tarde caliente y dorada
tendidas las velas partió el bergantín...

La siesta del trópico. El lobo se duerme.
Ya todo lo envuelve la gama del gris.
Parece que un suave y enorme esfumino
del curvo horizonte borrara el confín.

La siesta del trópico. La vieja cigarra
ensaya su ronca guitarra senil,
y el grillo preludia un solo monótono
en la única cuerda que está en su violín.

(1891)

CANCIÓN DE CARNAVAL

Le carnaval s'amuse!
Viens le chanter, ma Muse...

THÉODORE de BANVILLE

Musa, la máscara apresta,
ensaya un aire jovial
y goza y ríe en la fiesta
    del carnaval.

Ríe en la danza que gira,
muestra la pierna rosada,
y suene, como una lira,
    tu carcajada.

Para volar más ligera
ponte dos hojas de rosa,
como hace tu compañera
    la mariposa.

Y que en tu boca risueña,
que se une al alegre coro,
deje la abeja porteña
    su miel de oro.

Únete a la mascarada
y mientras muequea un *clown*
con la faz pintarrajeada
    como Frank Brown;

mientras Arlequín revela
que al prisma sus tintes roba
y aparece Pulchinela
    con su joroba,

di a Colombina la bella
lo que de ella pienso yo,
y descorcha una botella
    para Pierrot.

Que él te cuente cómo rima
sus amores con la luna
y te haga un poema en una
    pantomima.

Da al aire la serenata,
toca el áureo bandolín,
lleva un látigo de plata
    para el *spleen*.

Sé lírica y sé bizarra;
con la cítara sé griega;
o gaucha, con la guitarra
    de Santos Vega.

Mueve tu espléndido torso
por las calles pintorescas
y juega y adorna el corso
    con rosas frescas.

De perlas riega un tesoro
de Andrade en el regio nido,
y en la hopalanda de Guido,
    polvo de oro.

Penas y duelos olvida,
canta deleites y amores;
busca la flor de las flores
    por Florida.

Con la armonía le encantas
de las rimas de cristal,
y deshojas a sus plantas
    un madrigal.

Piruetea, baila, inspira
versos locos y joviales;
celebre la alegre lira
    los carnavales.

Sus gritos y sus canciones,
sus comparsas y sus trajes,
sus perlas, tintes y encajes
    y pompones.

Y lleve la rauda brisa,
sonora, argentina, fresca,
la victoria de tu risa
    funambulesca.

(1896)

DESDE LA PAMPA

¡Yo os saludo desde el fondo de la pampa! ¡Yo os
    saludo
bajo el gran sol argentino
que como un glorioso escudo

cincelado en oro fino
sobre el palio azul del viento,
se destaca en el divino
firmamento!

Os saludo desde el campo lleno de hojas y de luces
cuya verde maravilla cruzan potros y avestruces,
o la enorme vaca roja,
o el rebaño gris, que a un tiempo luz y hoja
busca y muerde,
en el mágico ondular
que simula el fresco y verde
trebolar.

En la pampa solitaria
todo es himno o es plegaria;
escuchad
cómo cielo y tierra se unen en un cántico infinito;
todo vibra en este grito:
¡Libertad!

Junto al médano que finge
ya un enorme lomo equino, ya la testa de una esfinge,
bajo un aire de cristal,
pasa el gaucho, muge el toro,
y entre fina flor de oro
y entre el cardo episcopal,
la calandira lanza el trino
de tristezas o de amor:
la calandria misteriosa, ese triste y campesino
ruiseñor.

Yo os saludo en el ensueño
de pasadas epopeyas gloriosas;
el caballo zahareño
del vencedor; la bandera,

los fusiles con sus truenos y la sangre con sus rosas;
la aguerrida hueste fiera,
la aguerrida hueste fiera que va a toque de clarín,
el que guía, el Héroe, el Hombre;
y en los labios de los bravos, este nombre:
¡San Martín!

De la pampa en las augustas
soledades,
al clamor de las robustas
cien bocinas del pampero, yo saludo a las ciudades
de la mar,
con sus costas erizadas de navíos,
con sus ríos
donde mil urnas colmadas su riqueza han de volcar.

¡Argentinos, Dios os guarde!
Ven mis ojos cómo riega
perla y rosa de la tarde
el crepúsculo que llega,
mientras la pampa ilumina
rojo y puro, como el oro en el crisol,
el diamante que prefiere la República Argentina:
¡Vuestro Sol!

(Colonia la Merced, Villarino, abril de 1898)

EN ELOGIO DEL Ilmo. SEÑOR OBISPO DE CÓRDOBA, FRAY MAMERTO ESQUIÚ, O. M.

Un báculo que era como un tallo de lirios,
una vida en cilicios de adorables martirios
        un blanco horror de Belcebú,
un salterio celeste de vírgenes y santos,
un cáliz de virtudes y una copa de cantos,
        tal era fray Mamerto Esquiú.

Con su mano sagrada fue a recoger estrellas.
Antes cansó su planta, dejando augustas huellas,
        feliz Pastor de su país;
ahora corta del Padre las sacras azucenas;
sobre esta tierra amarga, cogía a manos llenas
        las florecillas del de Asís.

¡Oh, luminosas Pascuas! ¡Oh, Santa Epifanía!
¡Salvete flores martyrum!, canta el clarín del día
        con voz de bronce y de cristal:
sobre la tierra grata brota el agua divina,
la rosa de la gracia su púrpura culmina
        sobre el cayado pastoral.

Crisóstomo le anima, Jerónimo le doma;
su espíritu era un águila con ojos de paloma;
        su verbo es una flor.
Y aquel maravilloso poeta, San Francisco,
las voces enseñóle con que encantó a su aprisco
        en las praderas del Señor.

Tal cual la Biblia dice, con címbalo sonoro,
a Dios daba sus loas. Formó su santo coro
      de Fe, Esperanza y Caridad:
trompetas argentinas dicen sus ideales,
y su órgano vibrante tenía dos pedales,
      y eran el Bien y la Verdad.

Trompetas argentinas claman su triunfo ahora,
trompetas argentinas de heraldos de la aurora
      que anuncia el día del altar,
cuando la hostia, esa virgen, y ese mártir, el cirio,
ante su imagen digan el místico martirio,
      en que el Cordero ha de balar.

Llegaron a su mente hierosolimitana,
la criselefantina divinidad pagana,
      las dulces musas de Helicón;
y él se ajustó a los números severos y apostólicos,
y en su sermón se escuchan los sones melancólicos
      de los salterios de Sión.

Yo, que la verleniana zampoña toco a veces,
bajo los verdes mirtos o bajo los cipreses,
      canto hoy tan sacra luz;
en el marmóreo plinto cincelo mi epigrama,
y bajo el ala inmensa de la divina Fama,
      ¡grabo una rosa y una Cruz!

      Córdoba, Argentina, octubre de 1896.

INTERMEZZO TROPICAL

I

Mediodía

Midi, roi des étés, como cantaba el criollo
francés. Un mediodía
toda la isla quema. Arde el escollo;
y el azul fuego envía.

Es la isla del Cardón, en Nicaragua.
Pienso en Grecia, en Morea o en Zacinto.
Pues al brillo del cielo y al cariño del agua
se alza enfrente una tropical Corinto.

Penachos verdes de palmeras. Lejos,
ruda de antigüedad, grave de mito,
la tribu en roca de volcanes viejos,
que, como todo, aguarda su instante de infinito.

Un ave de rapiña pasa a pescar, y torna
con un pez en las garras.
Y sopla un vaho de horno que abochorna
y tuesta en oro las cigarras.

(1907)

II

Vesperal

Ha pasado la siesta
y la hora del Poniente se avecina,
y hay ya frescor en esta
costa, que el sol del Trópico calcina.

Hay un suave alentar de aura marina,
y el Occidente finge una floresta
que una llama de púrpura ilumina.
Sobre la arena dejan los cangrejos
la ilegible escritura de sus huellas.

Conchas color de rosa y de reflejos
áureos, caracolillos y fragmentos de estrellas
de mar forman alfombra
sonante al paso en la armoniosa orilla.

Y cuando Venus brilla,
dulce, imperial amor de la divina tarde,
creo que en la onda suena
o son de lira, o canto de sirena.
Y en mi alma otro lucero como el de Venus arde.

(1907)

MOMOTOMBO

O vieux Momotombo, colosse chauve et nu...

Víctor Hugo.

El tren iba rodando sobre sus rieles. Era
en los días de mi dorada primavera
y era en mi Nicaragua natal.
De pronto, entre las copas de los árboles vi
un cono gigantesco, "calvo y desnudo", y
lleno de antiguo orgullo triunfal.

Ya había yo leído a Hugo y la leyenda
que Squire le enseñó. Como una vasta tienda
vi aquel coloso negro ante el sol,
maravilloso de majestad. Padre viejo
que se duplica en el armonioso espejo
de un agua perla, esmeralda, col.

Agua de un vario verde y de un gris tan cambiante,
que discernir no deja su ópalo y su diamante,
a la vasta llama tropical.
Momotombo se alzaba lírico y soberano,
yo tenía quince años: ¡una estrella en la mano!
Y era en mi Nicaragua natal.

Ya estaba yo nutrido de Oviedo y de Gomara,
y mi alma florida soñaba historia rara,
fábula, cuento, romance, amor
de conquistas, victorias de caballeros bravos,
incas y sacerdotes, prisioneros y esclavos,
plumas y oro, audacia, esplendor.

Y llegué y vi en las nubes la prestigiosa testa
de aquel cono de siglos, de aquel volcán de gesta,
que era ante mí de revelación.
Señor de las alturas, emperador del agua,
a sus pies el divino lago de Managua,
con islas todas luz y canción.

¡Momotombo! —exclamé—. ¡Oh nombre de epopeya!
Con razón Hugo el grande en tu onomatopeya
ritmo escuchó que es de eternidad.
Dijérase que fueses para las sombras dique,
desde que oyera el blanco la lengua del cacique
en sus discursos de libertad.

Padre de fuego y piedra, yo te pedí ese día
tu secreto de llamas, tu arcano de armonía,
la iniciación que podías dar;
por ti pensé en lo inmenso de Osas y Peliones,
en que arriba hay titanes en las constelaciones
y abajo dentro la tierra y el mar.

¡Oh, Momotombo ronco y sonoro! Te amo
porque a tu evocación vienen a mí otra vez,
obedeciendo a un íntimo reclamo,
perfumes de mi infancia, brisas de mi niñez.

¡Los estandartes de la tarde y de la aurora!
Nunca los vi más bellos que alzados sobre ti,
toda zafir la cúpula sonora
sobre los triunfos de oro, de esmeralda y rubí.

Cuando las babilonias del Poniente
en purpúreas catástrofes hacia la inmensidad
rodaban tras la augusta soberbia de tu frente,
eras tú como el símbolo de la Serenidad.

En tu incesante hornalla vi la perpetua guerra,
en tu roca unidades que nunca acabarán.
Sentí en tus terremotos la brama de la tierra
y la inmortalidad de Pan.

¡Con un alma volcánica entré en la dura vida,
Aquilón y huracán sufrió mi corazón
y de mi mente mueven la cimera encendida
huracán y Aquilón!

Tu voz escuchó un día Cristóforo Colombo;
Hugo cantó tu gesta legendaria. Los dos
fueron, como tú, enormes, Momotombo,
montañas habitadas por el fuego de Dios.

¡Hacia el misterio caen poetas y montañas,
y romperáse el cielo de cristal
cuando luchen sonando de Pan las siete cañas
y la trompeta del Juicio Final!

A COLÓN

¡Desgraciado Almirante! Tu pobre América,
tu india virgen y hermosa de sangre cálida,
la perla de tus sueños, es una histérica
de convulsivos nervios y frente pálida.

Un desastroso espíritu posee tu tierra:
donde la tribu unida blandió sus mazas,
hoy se enciende entre hermanos perpetua guerra,
se hieren y destrozan las mismas razas.

Al ídolo de piedra reemplaza ahora
el ídolo de carne que se entroniza,
y cada día alumbra la blanca aurora
en los campos fraternos sangre y ceniza.

Desdeñando a los reyes nos dimos leyes
al son de los cañones y los clarines,
y hoy al favor siniestro de negros Reyes
fraternizan los Judas con los Caínes.

Bebiendo la esparcida savia francesa
con nuestra boca indígena semiespañola,
día a día cantamos la *Marsellesa*
para acabar cantando la *Carmañola*.

Las ambiciones pérfidas no tienen diques,
soñadas libertades yacen deshechas.
¡Eso no hicieron nunca nuestros Caciques,
a quienes las montañas daban las flechas!

Ellos eran soberbios, leales y francos,
ceñidas las cabezas de raras plumas;
¡ojalá hubieran sido los hombres blancos
como los Atahualpas y Moctezumas!

Cuando en vientres de América cayó semilla
de la raza de hierro que fue de España,
mezcló su fuerza heroica la gran Castilla
con la fuerza del indio de la montaña.

¡Pluguiera a Dios las aguas antes intactas
no reflejaran nunca las blancas velas;
ni vieran las estrellas estupefactas
arribar a la orilla tus carabelas!

Libres como las águilas, vieran los montes
pasar los aborígenes por los boscajes,
persiguiendo los pumas y los bisontes
con el dardo certero de sus carcajes.

Que más valiera el Jefe rudo y bizarro
que el soldado que en fango sus glorias finca,
que ha hecho gemir al zipa bajo su carro
o temblar las heladas momias del Inca.

La cruz que nos llevaste padece mengua;
y tras encanalladas revoluciones,
la canalla escritora mancha la lengua
que escribieron Cervantes y Calderones.

Cristo va por las calles flaco y enclenque,
Barrabás tiene esclavos y charreteras,
y las tierras de Chibcha, Cuzco y Palenque
han visto engalonadas a las panteras.

Duelos, espantos, guerras, fiebre constante
en nuestra senda ha puesto la suerte triste:
¡Cristóforo Colombo, pobre Almirante,
ruega a Dios por el mundo que descubriste!

(1892)

A ROOSEVELT

¡Es con voz de la Biblia, o verso de Walt Whitman,
que habría que llegar hasta ti, Cazador!
¡Primitivo y moderno, sencillo y complicado,
con un algo de Wáshington y cuatro de Nemrod!
Eres los Estados Unidos,
eres el futuro invasor
de la América ingenua que tiene sangre indígena,
que aún reza a Jesucristo y aún habla en español.

Eres soberbio y fuerte ejemplar de tu raza;
eres culto, eres hábil; te opones a Tolstóy.
Y domando caballos, o asesinando tigres,
eres un Alejandro-Nabucodonosor.
(Eres un profesor de energía,
como dicen los locos de hoy.)

Crees que la vida es incendio,
que el progreso es erupción;
en donde pones la bala
el porvenir pones.
                No.

Los Estados Unidos son potentes y grandes.
Cuando ellos se estremecen hay un hondo temblor
que pasa por las vértebras enormes de los Andes.
Si clamáis, se oye como el rugir del león.
Ya Hugo a Grant le dijo: "Las estrellas son vuestras".
(Apenas brilla, alzándose, el argentino sol
y la estrella chilena se levanta...) Sois ricos.
Juntáis al culto de Hércules el culto de Mammón;
y alumbrando el camino de la fácil conquista,
la Libertad levanta su antorcha en Nueva York.

Mas la América nuestra, que tenía poetas
desde los viejos tiempos de Netzahualcoyotl,
que ha guardado las huellas de los pies del gran Baco,
que el alfabeto pánico en un tiempo aprendió;
que consultó los astros, que conoció la Atlántida,
cuyo nombre nos llega resonando en Platón,
que desde los remotos momentos de su vida
vive de luz, de fuego, de perfume, de amor,
la América del gran Moctezuma, del Inca,
la América fragante de Cristóbal Colón,
la América católica, la América española,
la América en que dijo el noble Guatemoc:
"Yo no estoy en un lecho de rosas"; esa América
que tiembla de huracanes y que vive de amor;
hombres de ojos sajones y alma bárbara, vive.
Y sueña. Y ama, y vibra; y es la hija del Sol.
Tened cuidado. ¡Vive la América española!
Hay mil cachorros sueltos del León Español.

Se necesitaría, Roosevelt, ser por Dios mismo,
el Riflero terrible y el fuerte Cazador,
para poder tenernos en vuestras férreas garras.

Y, pues contáis con todo, falta una cosa: ¡Dios!

(1904)

SALUTACIÓN AL ÁGUILA

...may this grand Union have no end!

Fontoura Xavier

Bien vengas, mágica Águila de alas enormes y fuertes
a extender sobre el Sur tu gran sombra continental,
a traer en tus garras, anilladas de rojos brillantes,
una palma de gloria, del color de la inmensa esperanza,
y en tu pico la oliva de una vasta y fecunda paz.

Bien vengas, ¡oh mágica Águila!, que amara tanto Walt Whitman,
quien te hubiera cantado en esta olímpica gira,
Águila que has llevado tu noble y magnífico símbolo
desde el trono de Júpiter hasta el gran continente del Norte.

Ciertamente, has estado en las grandes conquistas del orbe.
Ciertamente, has tenido que llevar los antiguos rayos.
Si tus alas abiertas la visión de la paz perpetúan,
en tu pico y en tus uñas está la necesaria guerra.

¡Precisión de la fuerza! ¡Majestad adquirida del trueno!
Necesidad de abrirle el gran vientre fecundo a la tierra
para que en ella brote la concreción del oro de la espiga,
y tenga el hombre el pan con que mueve su sangre.

No es humana la paz con que sueñan ilusos profetas,
la actividad eterna hace precisa la lucha;
y desde tu etérea altura, tú contemplas, divina Águila,
la agitación combatida de nuestro globo vibrante.

Es incidencia la Historia. Nuestro destino supremo
está más allá del rumbo que marcan fugaces las épocas.
Y Palenque y la Atlántida no son más que momentos
    soberbios
con que puntúa Dios los versos de su augusto Poema.

Muy bien llegada seas a la tierra pujante y ubérrima,
sobre la cual la Cruz del Sur está, que miró Dante,
cuando siendo Mesías impulsó en su intuición sus
    bajeles,
que antes que los del sumo Cristóbal supieron nuestro
    cielo.

¡E pluribus unum! ¡Gloria, victoria, trabajo!
Tráenos los secretos de las labores del Norte,
y que los hijos nuestros dejen de ser los retores latinos,
y aprendan de los yanquis la constancia, el vigor, el
    carácter.

¡Dinos, Águila ilustre, la manera de hacer multitudes
que hagan Romas y Grecias con el jugo del mundo
    presente,
y que, potentes y sobrias, extiendan su luz y su imperio
y que, teniendo el Águila y el Bisonte y el Hierro y
    el Oro,
tengan un áureo día para darle las gracias a Dios!

Águila, existe el Cóndor. Es tu hermano en las grandes
   alturas.
Los Andes le conocen y saben que, cual tú, mira al Sol.
May this grand Union have no end!, dice el poeta.
Puedan ambos juntarse en plenitud, concordia y
   esfuerzo.

Águila, que conoces desde Jove hasta Zarathustra
y que tienes en los Estados Unidos tu asiento,
que sea tu venida fecunda para estas naciones,
que el pabellón admiran constelado de bandas y
   estrellas.

¡Águila, que estuviste en las horas sublimes de
   Pathmos!
¡Águila prodigiosa, que te nutres de luz y de azul
como una Cruz viviente vuela sobre estas naciones
y comunica al globo la victoria feliz del futuro!

Por algo eres la antigua mensajera jupiterina,
por algo has presenciado cataclismos y luchas de razas,
por algo estás presente en los sueños del Apocalipsis,
por algo eres el ave que han buscado los fuertes
   imperios.

¡Salud, Águila! Extensa virtud a tus inmensos revuelos,
reina de los azures, ¡salud!, ¡gloria!, ¡victoria y
   encanto!
¡Que la Latina América reciba tu mágica influencia
y que renazca un nuevo Olimpo lleno de dioses y héroes!

¡Adelante, siempre adelante! ¡Excelsior! ¡Vida!
   ¡Lumbre!
Que se cumpla lo prometido en los destinos terrenos,

y que vuestra obra inmensa las aprobaciones recoja
del mirar de los astros y de lo que Hay más Allá!

Río de Janeiro, 1906.

RETORNO

El retorno a la tierra natal ha sido tan
sentimental, y tan mental, y tan divino,
que aun las gotas del alba cristalinas están
en el jazmín de ensueño, de fragancia y de trino.

Por el Anfión antiguo y el prodigio del canto
se levanta una gracia de prodigio y encanto
que une carne y espíritu, como en el pan y el vino.

En el lugar en donde tuve la luz y el bien,
¿qué otra cosa podría sino besar el manto
a mi Roma, mi Atenas o mi Jeusalén?

Exprimidos de idea, y de orgullo y cariño,
de esencia de recuerdo, de arte de corazón,
concreto ahora todos mis ensueños de niño
sobre la crin anciana de mi amado León.

Bendito el dromedario que a través del desierto
condujera al Rey Mago, de aureolada sien,
y que se dirigía por el camino cierto
en que el astro de oro conducía a Belén.

Amapolas de sangre y azucenas de nieve
he mirado no lejos del divino laurel,
y he sabido que el vino de nuestra vida breve
precipita hondamente la ponzoña y la hiel.

Mas sabe el optimista, religioso y pagano,
que por César y Orfeo nuestro planeta gira,
y que hay sobre la tierra que llevar en la mano,
dominadora siempre, o la espada, o la lira.

El paso es misterioso. Los mágicos diamantes
de la corona o las sandalias de los pies
fueron de los maestros que se elevaron antes,
y serán de los genios que triunfarán después.

Parece que Mercurio llevara el caduceo
de manera triunfal en mi dulce país,
y que brotara pura, hecha por mi deseo,
en cada piedra una mágica flor de lis.

Por atavismo griego o por fenicia influencia,
siempre he sentido en mí ansia de navegar,
y Jasón me ha legado su sublime experiencia
y el sentir en mi vida los misterios del mar.

¡Oh, cuántas veces, cuántas veces oí los sones
de las sirenas líricas en los clásicos mares!
¡Y cuántas he mirado tropeles de tritones
y cortejos de ninfas ceñidas de azahares!

Cuando Pan vino a América, en tiempos fabulosos
en que había gigantes, y conquistaban Pan
y Baco tierra incógnita, y tigres y molosos
custodiaban los templos sagrados de Copán,

se celebraban cultos de estrellas y de abismos;
se tenía una sacra visión de Dios. Y era
ya la vital conciencia que hay en nosotros mismos
de la magnificencia de nuestra Primavera.

Los atlántidas fueron huéspedes nuestros. Suma
revelación un tiempo tuvo el gran Moctezuma,
y Hugo vio en Momotombo órgano de verdad.
A través de las páginas fatales de la Historia,
nuestra tierra está hecha de vigor y de gloria,
nuestra tierra está hecha para la Humanidad.

Pueblo vibrante, fuerte, apasionado, altivo;
pueblo que tiene la conciencia de ser vivo,
y que, reuniendo sus energías en haz
portentoso, a la Patria vigoroso demuestra
que puede bravamente presentar en su diestra
el acero de guerra o el olivo de paz.

Cuando Dante llevaba a la Sorbona ciencia
y su maravilloso corazón florentino,
creo que concretaba el alma de Florencia,
y su ciudad estaba en el libro divino.

Si pequeña es la Patria, uno grande la sueña.
Mis ilusiones, y mis deseos, y mis
esperanzas, me dicen que no hay patria pequeña.
Y León es hoy a mí como Roma o París.

Quisiera ser ahora como el Ulises griego
que domaba los arcos, y los barcos y los
destinos. ¡Quiero ahora deciros ¡hasta luego!
porque no me resuelvo a deciros adiós!

(1907)

A AMADO NERVO

La tortuga de oro camina por la alfombra
y traza por la alfombra un misterioso estigma;
sobre su carapacho hay grabado un enigma
y un círculo enigmático se dibuja en su sombra.

Esos signos nos dicen al Dios que no se nombra
y ponen en nosotros su autoritario estigma:
ese círculo encierra la clave del enigma
que a Minotauro mata y a la Medusa asombra.

Ramo de sueños, mazo de ideas florecidas
en explosión de cantos y en floración de vidas,
sois mi pecho süave, mi pensamiento parco.

Y cuando hayan pasado las sedas de la fiesta,
decidme los sutiles efluvios de la orquesta
y lo que está suspenso entre el violín y el arco.

(1900)

CANTO A LA ARGENTINA

(Fragmentos)

¡Argentina! ¡Argentina!
¡Argentina! El sonoro
viento arrebata la gran voz de oro.
Ase la fuerte diestra la bocina,

y el pulmón fuerte, bajo los cristales
del azul, que han vibrado,
lanza el grito: *Oíd, mortales,
oíd el grito sagrado.*

Oíd el grito que va por la floresta
de mástiles que cubre el ancho estuario,
e invade el mar; sobre la enorme fiesta
de las fábricas trémulas de vida;
sobre las torres de la urbe henchida;
sobre el extraordinario
tumulto de metales y de lumbres
activos; sobre el cósmico portento
de obra y de pensamiento
que arde en las políglotas muchedumbres;
sobre el construir, sobre el bregar, sobre el soñar,
sobre la blanca sierra,
sobre la extensa tierra,
sobre la vasta mar.

¡Argentina, región de la aurora!
¡Oh, tierra abierta al sediento
de libertad y de vida,
dinámica y creadora!
¡Oh, barca augusta, de prora
triunfante, de doradas velas!
De allá de la bruma infinita,
alzando la palma que agita,
te saluda el divo Cristóbal,
príncipe de las Carabelas.

Te abriste como una granada,
como una ubre te henchiste,
como una espiga te erguiste
a toda raza congojada,
a toda humanidad triste,

a los errabundos y parias
que bajo nubes contrarias
van en busca del buen trabajo,
del buen comer, del buen dormir,
del techo para descansar
y ver a los niños reír,
bajo el cual se sueña y bajo
el cual se piensa morir.

¡Éxodos! ¡Éxodos! Rebaños
de hombres, rebaños de gentes
que teméis los días huraños,
que tenéis sed sin hallar fuentes
y hambre sin el pan deseado,
y amáis la labor que germina.
Los éxodos os han salvado:
¡Hay en la tierra una Argentina!
He aquí la región del Dorado,
he aquí el paraíso terrestre,
he aquí la ventura esperada,
he aquí el Vellocino de Oro,
he aquí Canaán la preñada,
la Atlántida resucitada;
he aquí los campos del Toro
y del Becerro simbólicos;
he aquí el existir que en sueños
miraron los melancólicos,
los clamorosos, los dolientes
poetas visionarios
que en sus olimpos o calvarios
amaron a todas las gentes.
He aquí el gran Dios desconocido
que todos los dioses abarca.
Tiene su templo en el espacio;
tiene su gazofilacio
en la negra carne del mundo.

Aquí está la mar que no amarga,
aquí está el Sahara fecundo,
aquí se confunde el tropel
de los que al infinito tienden,
y se edifica la Babel
en donde todos se comprenden.

....

Os espera el reino oloroso
al trébol que pisa el ganado,
océano de tierra sagrado
al agricultor laborioso
que rige el timón del arado.
¡La pampa! La estepa sin nieve,
el desierto sin sed cruenta,
en donde benéfico llueve
riego fecundador que aumenta
las demetéricas savias.
Bella de honda poesía,
suave de inmensidad serena
de extensa melancolía
y de grave silencio plena;
o bajo el escudo del sol
y la gracia matutina,
sonora de la pastoral
diana de cuerno, caracol
y tuba de la vacada;
o del grito de la triunfal
máquina de la ferro-vía;
o del volar del automóvil
que pasa quemando leguas,
o de las voces del gauchaje,
o del resonar salvaje
del tropel de potros y yeguas.

....

¡Oh, pampa! ¡Oh, entraña robusta,
mina del oro supremo!
He aquí que se vio la augusta
resurrección de Triptolemo.
En material continente
una república ingente
crea el granero del orbe,
y sangre universal absorbe
para dar vida al orbe entero.
De ese inexhausto granero
saldrán las hostias del mañana;
el hambre será, si no vana,
menos multiplicada y fuerte,
y será el paso de la muerte
menos cruel con la especie humana.

. . . .

Se agita la urbe, se alza
la Metrópoli reina, viste
el regio manto, se calza
de oro, tiarada de azur
yergue la testa imperiosa
de Basilea del Sur;
es la fecunda, la copiosa,
la bizarra, grande entre grandes;
la que el gran Cristo de los Andes
bendice, y saluda de lejos
entre los vívidos reflejos
del luminar que la corona,
la Libertad anglo-sajona.
Saluda a la Urbe argentina
el Garibaldi romano,
cabalgante en su colina,
en nombre de Roma materna,
vestida de su memoria
y como su decoro eterna.

La saluda Londres que empuña
el gran Tridente de acero
por dominar el mar entero.
La saluda Berlín casqueada
y con égida y espada
como una Minerva bélica.
Y Nueva York la babélica,
y Melbourne la oceánica,
y las viejas villas asiáticas,
y presididas por Lutecia,
todas las hermanas latinas
y hermanas por la libertad.
La saluda toda urbe viva
en donde creyente y activa
va al porvenir la Humanidad.

....

¡Que vuestro himno soberbio vibre,
hombres libres en tierra libre!
Nietos de los conquistadores,
renovada sangre de España,
transfundida sangre de Italia,
o de Germania, o de Vasconia,
o venidos de la entraña
de Francia, o de la Gran Bretaña,
vida de la Policolonia,
savia de la patria presente,
de la nueva Europa que augura
más grande Argentina futura.
¡Salud, Patria, que eres también mía,
puesto que eres de la humanidad;
salud, en nombre de la Poesía;
salud, en nombre de la Libertad!

....

(1910)

ODA A MITRE

(Fragmentos)

> *Cingor Apollinea victricia tempora lauro*
> *Et sensi exequias funeris ipse mei.*
> *Decursusque virum notos mihi donaque regum*
> *Cunctaque per titulos oppida lecta suos,*
> *Et quo me officio portaverit illa juventus,*
> *Quae fuit ante meum tam generosa torum;*
> *Denique laudari sacrato Caesaris ore*
> *Etmerui, lacrimas elicuique Deo.*
>
> OVIDIO.
>
> *Consolatio ad Liviam,* 459-466

I

Oh, captain! Oh, my captain!", clamaba Whitman.
¡Oh!, gran capitán de un mundo
nuevo y radiante, ¡yo qué diría
sino "¡mi general!" en un grito profundo
que hiciera estremercerse las ráfagas del día!

Gran capitán de acero y oro,
gran general que amaste en la acción y el sueño
de Psiquis el decoro,
el único tesoro
que en Dios agranda el átomo de este mundo pequeño.

II

A la sabia y divina Themis
colocaron las Parcas, según Píndaro,
en un carro de oro para ir hacia el Olimpo.

Que las tres viejas misteriosas
hayan parado en un momento
—el instante de un pensamiento—
el trabajo continuo de sus manos,
cuando, de un lauro y una palma
precedida, ha pasado el alma
de Aquel que los americanos
miraron hace tiempo trasladado y fundido
en el metal que vence la herrumbre del olvido.

III

Es de todos los puntos de nuestra tierra ardiente
que brota hoy de los vibrantes pechos
voz orgullosa o reverente
para el que siendo un alma de todo un continente,
defendió, Cincinato sabio y Catón prudente,
todas las libertades y todos los derechos.

Pues él era el varón continental. Y era
el amado Patriarca continental. ¡Patriarca
que conservó en sus nobles canas la primavera,
que soportó la tempestad más dura,
y a quien una paloma llevó una rosa al arca,
rosa de porvenir, rosa divina,
rosa que dice el alba de América futura,
de la América nuestra de la sangre latina!

IV

Jamás se viera una lealtad mayor
que la del León italiano
al amigo de América que amó en fraterno amor.
¡De Garibaldi y Mitre las dos diestras hermanas

sembraron la simiente de encinas italianas
y argentinas que hoy llenan la tierra de rumor!
A ambos cubrió la gran sombra del Dante,
y en el Dante se amaron. En el vasto crisol
se encontraron un día dos almas de diamante
hechas de libertad y nutridas de sol.

IX

Belgrano te saluda y San Martín y el mundo
americano. El alma latina te decora
con la palma que anuncia el porvenir fecundo,
y una guirnalda fresca y blanca, color de aurora.

Pues tú fuiste aquel fuerte que se reposó un día
después de los horrores terribles de la guerra,
hallando en los amores de la santa Armonía
la esencia más preciosa del zumo de la tierra.

En el dintel de Horacio y en la dantesca sombra,
te vieron las atentas generaciones, alto,
fiel al divino origen del Dios que no se nombra,
desentrañando en oro y esculpiendo en basalto.

Y para mí, Maestro, tu vasta gloria es ésa:
amar los hechos fugaces de la hora,
sobre la ciencia a ciegas, sobre la historia espesa,
la eterna Poesía, más clara que la aurora.

....

¡Gloria a ti que en tu tierra, fragante como un nido,
rumorea como una colmena y agitada
como un mar, ofrendaste, vencedor del olvido,
paladín y poeta, un lauro y una espada!

¡Gloria a ti, pensativo de los grandes momentos,
para traer el triunfo del instante oportuno,
o cuando hechos relámpagos iban tus pensamientos
vibrando en tus vibrantes arengas de tribuno!

¡Ya tu imagen el útil del estatuario copia;
ya el porvenir te nimba con un eterno rayo;
las líricas victorias vierten su cornucopia,
la Fama el clarín alza que dora el sol de Mayo!

¡Gloria a ti que, provecto como el destino plugo,
la ancianidad tuviste más límpida y más bella;
tu enorme catafalco fuera el de Víctor Hugo,
si hubiera en Buenos Aires un Arco de la Estrella!

X

¡Descansa en paz!... Mas no, no descanses. Prosiga
tu alma su obra de luz desde la eternidad,
y guíe a nuestros pueblos tu inspiración, amiga
de lo bello y lo justo, del Bien y la Verdad.

¡Tu presencia abolida, que crezca tu memoria;
alce tu monumento su augusta majestad;
y que tu obra, tu nombre, tu prestigio, tu gloria,
sean, como la América, para la Humanidad!

(1906)

III

ESPAÑA
["SANGRE DE HISPANIA FECUNDA"]

CAMPOAMOR

Este del cabello cano,
como la piel del armiño,
juntó su candor de niño
con su experiencia de anciano;
cuando se tiene en la mano
un libro de tal varón,
abeja es cada expresión
que, volando del papel,
deja en los labios la miel
y pica en el corazón.

(1886)

ELOGIO DE LA SEGUIDILLA

Metro mágico y rico que el alma expresas
llameantes alegrías, penas arcanas,
desde en los suaves labios de las princesas
hasta en las bocas rojas de las gitanas.

Las almas armoniosas buscan tu encanto,
sonora rosa métrica que ardes y brillas,
y España ve en tu ritmo, siente en tu canto
sus hembras, sus claveles, sus manzanillas.

Vibras al aire alegre como una cinta,
el músico te adula, te ama el poeta;
Rueda en ti sus fogosos paisajes pinta
con la audaz policromía de su paleta.

En ti el hábil orfebre cincela el marco
en que la idea-perla su oriente acusa,

o en tu cordaje armónico formas el arco
con que lanza sus flechas la airada musa.

A tu voz en el baile crujen las faldas,
los piececitos hacen brotar las rosas
e hilan hebras de amores las Esmeraldas
en ruecas invisibles y misteriosas.

La andaluza hechicera, paloma arisca,
por ti irradia, se agita, vibra y se quiebra,
con el lánguido gesto de la odalisca
o las fascinaciones de la culebra.

Pequeña ánfora lírica de vino llena
compuesto por la dulce musa Alegría
con uvas andaluzas, sal macarena,
flor y canela frescas de Andalucía.

Subes, creces y vistes de pompas fieras;
retumbas en el ruido de las metrallas,
ondulas con el ala de las banderas,
suenas con los clarines de las batallas.

Tienes toda la lira: tienes las manos
que acompasan las danzas y las canciones;
tus órganos, tus prosas, tus cantos llenos
y tus llantos que parten los corazones.

Ramillete de dulces trinos verbales,
jabalina de Diana la Cazadora,
ritmo que tiene el filo de cien puñales,
que muerde y acaricia, mata y enflora.

Las Tirsis campesinas de ti están llenas,
y aman, radiosa abeja, tus bordoneos;

así riegas tus chispas las nochebuenas
como adornas la lira de los Orfeos.

Que bajo el sol dorado de Manzanilla
que esta azulada concha del cielo baña,
polítona y triunfante, la seguidilla
es la flor del sonoro Pindo de España.

Madrid, 1892

LA GITANILLA

A Carolus Duran

Maravillosamente danzaba. Los diamantes
negros de sus pupilas vertían su destello;
era bello su rostro, era un rostro tan bello
como el de las gitanas de don Miguel Cervantes.

Ornábase con rojos claveles detonantes
la redondez obscura del casco del cabello,
y la cabeza firme sobre el bronce del cuello
tenía la pátina de las horas errantes.

Las guitarras decían en sus cuerdas sonoras
las vagas aventuras y las errantes horas,
volaban los fandangos, daba el clavel fragancia;
la gitana, embriagada de lujuria y cariño,
sintió cómo caía dentro de su corpiño
el bello luis de oro del artista de Francia.

(1899)

CYRANO EN ESPAÑA

He aquí que Cyrano de Bergerac traspasa
de un salto el Pirineo. Cyrano está en su casa.
¿No es en España, acaso, la sangre vino y fuego?
Al gran gascón saluda y abraza el gran manchego.
¿No se hacen en España los más bellos castillos?
Roxanas encarnaron con rosas los Murillos,
y la hoja toledana que aquí Quevedo empuña
conócenla los bravos cadetes de Gascuña.
Cyrano hizo su viaje a la Luna; mas, antes,
ya el divino lunático de don Miguel Cervantes
pasaba entre las dulces estrellas de su sueño
jinete en el sublime pegaso Clavileño.
Y Cyrano ha leído la maravilla escrita,
y al pronunciar el nombre de Quijote, se quita
Bergerac el sombrero; Cyrano Balazote
siente que es lengua suya la lengua del Quijote.
Y la nariz heroica del gascón se diría
que husmea los dorados vinos de Andalucía.
Y la espada francesa, por él desenvainada,
brilla bien en la tierra de la capa y la espada.
¡Bien venido, Cyrano de Bergerac! Castilla
te da su idioma, y tu alma, como tu espada, brilla
al sol que allá en tus tiempos no se ocultó en España.
Tu nariz y penacho no están en tierra extraña,
pues vienes a la tierra de la Caballería.
Eres el noble huésped de Calderón. María
Roxana te demuestra que lucha la fragancia
de las rosas de España con las rosas de Francia,
y sus supremas gracias, y sus sonrisas únicas,
y sus miradas, astros que visten negras túnicas,
y la lira que vibra en su lengua sonora
te dan una Roxana de España, encantadora.

¡Oh poeta! ¡Oh celeste poeta de la facha
grotesca! Bravo y noble y sin miedo y sin tacha,
príncipe de locuras, de sueños y de rimas:
tu penacho es hermano de las más altas cimas,
del nido de tu pecho una alondra se lanza,
un hada es tu madrina, y es la Desesperanza;
y en medio de la selva del duelo y del olvido
las nueve musas vendan tu corazón herido.
¿Allá en la Luna hallaste algún mágico prado
donde vaga el espíritu de Pierrot desolado?
¿Viste el palacio blanco de los locos del Arte?
¿Fue acaso la gran sombra de Píndaro a encontrarte?
¿Contemplaste la mancha roja que entre las rocas
albas forma el castillo de las Vírgenes locas?
¿Y en un jardín fantástico de misteriosas flores
no oiste al melodioso Rey de los ruiseñores?
No juzgues mi curiosa demanda inoportuna,
pues todas esas cosas existen en la Luna.
¡Bien venido, Cyrano de Bergerac! Cyrano
de Bergerac, cadete y amante, y castellano
que trae los recuerdos que Durandal abona
al país en que aún brillan las luces de Tizona.
El Arte es el glorioso vencedor. Es el Arte
el que vence el espacio y el tiempo, su estandarte,
pueblos, es del espíritu el azul oriflama.
¿Que elegido no corre si su trompeta llama?
Y a través de los siglos se contestan, oíd:
la Canción de Rolando y la Gesta del Cid.
Cyrano va marchando, poeta y caballero,
al redoblar sonoro del grave Romancero.
Su penacho soberbio tiene nuestra aureola.
Son sus espuelas finas de fábrica española.
Y cuando en su balada Rostand teje el envío,
creeríase a Quevedo mirando un desafío.
¡Bien venido, Cyrano de Bergerac! No seca
el tiempo el lauro; el viejo Corral de la Pacheca

recibe al generoso embajador del fuerte
Molière. En copla gala Tirso su vino vierte.
Nosotros exprimimos las uvas de Champaña
para beber por Francia y en un cristal de España.

(1899)

AL REY OSCAR

> *Le roi de Suède et de Norvège,
> après avoir visité Saint-Jean-de-Luz
> s'est rendu à Hendaye et à Fonter-
> rabie. En arrivant sur le sol es-
> pagnol, il a crié: "Vive l'Espagne!"*
>
> Le Figaro, mars 1899

Así, sire, con el aire de la Francia nos llega
la paloma de plata de Suecia y de Noruega,
que trae en vez de olivo una rosa de fuego.

Un búcaro latino, un noble vaso griego
recibirá el regalo del país de la nieve.
¡Que a los reinos boreales el patrio viento lleve
otra rosa de sangre y de luz españolas;
pues sobre la sublime hermandad de las olas,
al brotar tu palabra, un saludo le envía
al sol de medianoche el sol de Mediodía!
Si Segismundo siente pesar, Hamlet se inquieta.
El Norte ama las palmas; y se junta el poeta
del fjord con el del carmen, porque el mismo oriflama
es de azur. Su divina cornucopia derrama
sobre el polo y el trópico la Paz; y el orbe gira
en un ritmo uniforme por una propia lira:
el Amor. Allá surge Sigurd que al Cid se aúna.

Cerca de Dulcinea brilla el rayo de luna,
y la musa de Bécquer del ensueño es esclava
bajo un celeste palio de luz escandinava.

Sire de ojos azules, gracias: por los laureles
de cien bravos vestidos de honor; por los claveles
de la tierra andaluza y la Alhambra del moro;
por la sangre solar de una raza de oro;
por la armadura antigua y el yelmo de la gesta;
por las lanzas que fueron una vasta floresta
de gloria y que pasaron Pirineos y Andes;
por Lepanto y Otumba; por el Perú, por Flandes;
por Isabel que cree, por Cristóbal que sueña
y Velázquez que pinta y Cortés que domeña;
por el país sagrado en que Herakles afianza
sus macizas columnas de fuerza y esperanza,
mientras Pan trae el ritmo con la egregia siringa
que no hay trueno que apague ni tempestad que
    extinga;
por el león simbólico y la Cruz, gracias, Sire.

¡Mientras el mundo aliente, mientras la esfera gire,
mientras la onda cordial alimente un ensueño,
mientras haya una viva pasión, un noble empeño,
un buscado imposible, una imposible hazaña,
una América oculta que hallar, vivirá España!

Y pues tras la tormenta vienes de peregrino
real, a la morada que entristeció el destino,
la morada que viste luto sus puertas abra
al purpúreo y ardiente vibrar de tu palabra:

¡y que sonría, oh, rey Oscar, por un instante;
y tiemble en la flor áurea el más puro brillante

para quien sobre brillos de corona y de nombre,
con labios de monarca lanza un grito de hombre!

(1899)

COSAS DEL CID

A Francisco A. de Icaza

Cuenta Barbey, en versos que valen bien su prosa,
una hazaña del Cid, fresca como una rosa,
pura como una perla. No se oyen en la hazaña
resonar en el viento las trompetas de España,
ni el azorado moro las tiendas abandona
al ver al sol el alma de acero de Tizona.

Babieca, descansando del huracán guerrero,
tranquilo, pace, mientras el bravo caballero
sale a gozar del aire de la estación florida.
Ríe la primavera, y el vuelo de la vida
abre lirios y sueños en el jardín del mundo.
Rodrigo de Vivar pasa, meditabundo,
por una senda en donde, bajo el sol glorioso,
tendiéndole la mano, le detiene un leproso.

Frente a frente, el soberbio príncipe del estrago
y la victoria, joven, bello como Santiago,
y el horror animado, la viviente carroña
que infecta los suburbios de hedor y de ponzoña.
Y al Cid tiende la mano el siniestro mendigo,
y su escarcela busca y no encuentra Rodrigo.
—¡Oh, Cid, una limosna! —dice el precito.
                                             —Hermano,
¡te ofrezco la desnuda limosna de mi mano!—

dice el Cid; y, quitando su férreo guante, extiende
la diestra al miserable, que llora y que comprende.

Tal es el sucedido que el Condestable escancia
como un vino precioso en su copa de Francia.
Yo agregaré este sorbo de licor castellano:

Cuando su guantelete hubo vuelto a la mano,
el Cid siguió su rumbo por la primaveral
senda. Un pájaro daba su nota de cristal
en un árbol. El cielo profundo desleía
un perfume de gracia en la gloria del día.
Las ermitas lanzaban en el aire sonoro
su melodiosa lluvia de tórtolas de oro;
el alma de las flores iba por los caminos
a unirse a la piadosa voz de los peregrinos,
y el gran Rodrigo Díaz de Vivar, satisfecho,
iba cual si llevase una estrella en su pecho.
Cuando de la campiña, aromada de esencia
sutil, salió una niña vestida de inocencia,
una niña que fuera una mujer, de franca
y angélica pupila, y muy dulce y muy blanca.
Una niña que fuera un hada o que surgiera
encarnación de la divina primavera.

Y fue al Cid y le dijo: "Alma de amor y fuego,
por Jimena y por Dios un regalo te entrego,
esta rosa naciente y este fresco laurel".

Y el Cid, sobre su yermo las frescas hojas siente,
en su guante de hierro hay una flor naciente,
y en lo íntimo del alma como dulzor de miel.

(1900)

DEZIRES, LAYES Y CANCIONES

DEZIR

(A la manera de Johan de Duenyas)

Reina Venus, soberana
capitana
de deseos y pasiones,
en la tempestad humana
por ti mana
sangre de los corazones.
Una copa me dio el sino
y en ella bebí tu vino
y me embriagué de dolor,
pues me hizo experimentar
que en el vino del amor
hay la amargura del mar.

Di al olvido el turbulento
sentimiento,
y hallé un sátiro ladino
que dio a mi labio sediento
nuevo aliento,
nueva copa y nuevo vino.
Y al llegar la primavera,
en mi roja sangre fiera
triple llama fue encendida:
yo al flamante amor entrego
la vendimia de mi vida
bajo pámpanos de fuego.

En la fruta misteriosa,
ámbar, rosa,
su deseo sacia el labio,

y en viva rosa se posa,
mariposa,
beso ardiente o beso sabio.
¡Bien haya el sátiro griego
que me enseñó el dulce juego!
En el reino de mi aurora
no hay ayer, hoy ni mañana;
danzo las danzas de ahora
con la música pagana.

FINIDA

Bella a quien la suerte avara
ordenara
martirizarme a ternuras,
dio una negra perla rara
Luzbel para
tu diadema de locuras.

LAY

(A la manera de Johan de Torres)

¿Qué pude yo hacer
para merecer
la ofrenda de ardor
de aquella mujer
a quien, como a Ester,
maceró el Amor?

Intenso licor,
perfume y color
me hiciera sentir
su boca de flor;
dile el alma por
tan dulce elixir.

CANCIÓN

(A la manera de Valtierra)

Amor tu ventana enflora
y tu amante esta mañana
preludia por ti una diana
en la lira de la Aurora.

Desnuda sale la bella,
y del cabello el tesoro
pone una nube de oro
en la desnudez de estrella;
y en la matutina hora
de la clara fuente mana
la salutación pagana
de las náyades a Flora.

En el baño al beso incita
sobre el cristal de la onda
la sonrisa de Gioconda
en el rostro de Afrodita;
y el cuerpo que la luz dora,
adolescente, se hermana
con las formas de Diana
la celeste cazadora.

Y mientras la hermosa juega
con el sonoro diamante,
más encendido que amante
el fogoso amante llega
a su divina señora.

FIN

Pan de su flauta desgrana
un canto que, en la mañana,
perla a perla, ríe y llora.

QUE EL AMOR NO ADMITE CUERDAS REFLEXIONES

(a la manera de Santa Fé)

Señora, amor es violento,
y cuando nos transfigura
nos enciende el pensamiento
la locura.
No pidas paz a mis brazos
que a los tuyos tienen presos:
son de guerra mis abrazos
y son de incendio mis besos;
y sería vano intento
el tornar mi mente obscura
si me enciende el pensamiento
la locura.

Clara está la mente mía
de llamas de amor, señora,
como la tienda del día
o el palacio de la aurora.
Y al perfume de tu ungüento
te persigue mi ventura,
y me enciende el pensamiento
la locura.

Mi gozo tu paladar
rico panal conceptúa,
como en el santo Cantar:

Mel et lac sub lingua tua.
La delicia de tu aliento
en tan fino vaso apura,
y me enciende el pensamiento
la locura.

LOOR

(A la manera del mismo)

¿A qué comparar la pura
arquitectura
de tu cuerpo? ¿A una sutil
torre de oro y marfil?
¿O de abril
a la *loggia* florecida?
Luz y vida
iluminan lo interior,
y el amor
tiene su antorcha encendida.

Quiera darme el garzón de Ida
la henchida
copa, y Juno la oriental
pompa del pavo real,
su cristal
Castalia, y yo, apolonida,
la dormida
cuerda haré cantar por la
luz que está
dentro tu cuerpo prendida.

La blanca pareja anida
adormecida:
aves que bajo el corpiño

ha colocado el dios niño,
rosa, armiño,
mi mano sabia os convida
a la vida.
Por los boscosos senderos
viene Eros
a causar la dulce herida.

FIN

Señora, suelta la brida
y tendida
la crin, mi corcel de fuego
va; en él llego
a tu campaña florida.

A MAESTRE GONZALO DE BERCEO

Amo tu delicioso alejandrino
como el de Hugo, espíritu de España;
éste vale una copa de champaña
como aquél vale "un vaso de bon vino".

Mas a uno y otro pájaro divino
la primitiva cárcel es extraña;
el barrote maltrata, el grillo daña;
que vuelo y libertad son su destino.

Así procuro que en la luz resalte
tu antiguo verso, cuyas alas doro
y hago brillar con mi moderno esmalte;

tiene la libertad con el decoro
y vuelve, como al puño el gerifalte,
trayendo del azul rimas de oro.

SALUTACIÓN DEL OPTIMISTA

Ínclitas razas ubérrimas, sangre de Hispania fecunda,
espíritus fraternos, luminosas almas, ¡salve!
Porque llega el momento en que habrán de cantar nuevos himnos
lenguas de gloria. Un vasto rumor llena los ámbitos;
mágicas ondas de vida van renaciendo de pronto;
retrocede el olvido, retrocede engañada la muerte;
se anuncia un reino nuevo, feliz sibila sueña
y en la caja pandórica de que tantas desgracias surgieron
encontramos de súbito, talismánica, pura, riente,
cual pudiera decirla en sus versos Virgilio divino,
la divina reina de luz, ¡la celeste Esperanza!

Pálidas indolencias, desconfianzas fatales que a tumba
o a perpetuo presidio condenasteis al noble entusiasmo,
ya veréis al salir del sol en un triunfo de liras,
mientras dos continentes, abonados de huesos gloriosos, del Hércules antiguo la gran sombra soberbia evocando,
digan al orbe: la alta virtud resucita
que a la hispana progenie hizo dueña de siglos.

Abominad la boca que predice desgracias eternas,
abominad los ojos que ven sólo zodíacos funestos,
abominad las manos que apedrean las ruinas ilustres,
o que la tea empuñan o la daga suicida.
Siéntense sordos ímpetus de las entrañas del mundo,

la inminencia de algo fatal hoy conmueve la tierra;
fuertes colosos caen, se desbandan bicéfalas águilas,
y algo se inicia como vasto social cataclismo
sobre la faz del orbe. ¿Quién dirá que las savias
 dormidas
no despierten entonces en el tronco del roble gigante
bajo el cual se exprimió la ubre de la loba romana?
¿Quién será el pusilánime que al vigor español niegue
 músculos
y que el alma española juzgue áptera y ciega y tullida?
No es Babilonia ni Nínive enterrada en olvido y en
 polvo,
ni entre momias y piedras reina que habita el sepulcro,
la nación generosa, coronada de orgullo inmarchito,
que hacia el lado del alba fija las miradas ansiosas,
ni la que tras los mares en que yace sepulta la
 Atlántida,
tiene su coro de vástagos, altos, robustos y fuertes.

Únanse, brillen, secúndense, tantos vigores dispersos;
formen todos un solo haz de energía ecuménica.
Sangre de Hispania fecunda, sólidas, ínclitas razas,
muestren los dones pretéritos que fueron antaño su
 triunfo.
Vuelva el antiguo entusiasmo, vuelva el espíritu
 ardiente
que regará lenguas de fuego en esa epifanía.
Juntas las testas ancianas ceñidas de líricos lauros
y las cabezas jóvenes que la alta Minerva decora,
así los manes heroicos de los primitivos abuelos,
de los egregios padres que abrieron el surco pristino,
sientan los soplos agrarios de primaverales retornos
y el rumor de espigas que inició la labor triptolémica.
Un continente y otro renovando las viejas prosapias,
en espíritu unidos, en espíritu y ansias y lengua,

ven llegar el momento en que habrán de cantar nuevos
himnos.

Latina estirpe verá la gran alba futura,
en un trueno de música gloriosa, millones de labios
saludarán la espléndida luz que vendrá del Oriente.
Oriente augusto en donde todo lo cambia y renueva
la eternidad de Dios, la actividad infinita.
Y así sea esperanza la visión permanente en nosotros.
¡Ínclitas razas ubérrimas, sangre de Hispania fecunda!

(Madrid, marzo de 1905)

RETRATOS

Al doctor Adolfo Altamirano

I

Don Gil, don Juan, don Lope, don Carlos, don
Rodrigo,
¿cúya es esta cabeza soberbia? ¿Esa faz fuerte?
¿Esos ojos de jaspe? ¿Esa barba de trigo?
Éste fue un caballero que persiguió a la Muerte.

Cien veces hizo cosas tan sonoras y grandes,
que de águilas poblaron el campo de su escudo,
y ante su rudo tercio de América o de Flandes
quedó el asombro ciego, quedó el espanto mudo.

La coraza revela fina labor; la espada
tiene la cruz que erige sobre su tumba el miedo;
y bajo el puño firme que da su luz dorada,
se afianza el rayo sólido del yunque de Toledo.

Tiene labios de Borgia, sangrientos labios dignos
de exquisitas calumnias, de rezar oraciones
y de decir blasfemias: rojos labios malignos
florecidos de anécdotas en cien decamerones.

Y con todo, este hidalgo de un tiempo indefinido,
fue abad solitario de un ignoto convento,
y dedicó en la muerte sus hechos: *"¡al olvido!"*
y el grito de su vida luciferina: *"¡al viento!"*

II

En la forma cordial de la boca, la fresa
solemniza su púrpura; y en el sutil dibujo
del óvalo del rostro de la blanca abadesa
la pura frente es ángel y el ojo negro es brujo.

Al marfil monacal de esa faz misteriosa
brota una dulce luz de un resplandor interno,
que enciende en las mejillas una celeste rosa
en que su pincelada fatal puso el infierno.

¡Oh, Sor María! ¡Oh, Sor María! ¡Oh, Sor María!
La mágica mirada y el continente regio,
¿no hicieron en un alma pecaminosa un día
brotar el encendido clavel del sacrilegio?

Y parece que el hondo mirar cosas dijera,
especiosas y ungidas de miel y de veneno.
(Sor María murió condenada a la hoguera:
dos abejas volaron de las rosas del seno.)

TRÉBOL

I

> *De don Luis de Góngora y Argote*
> *a don Diego de Silva Velázquez.*

Mientras el brillo de tu gloria augura
ser en la eternidad sol sin poniente,
fénix de viva luz, fénix ardiente,
diamante parangón de la pintura,

de España está sobre la veste obscura
tu nombre, como joya reluciente;
rompe la Envidia el fatigado diente,
y el Olvido lamenta su amargura.

Yo en equivoco altar, tú en sacro fuego,
miro a través de mi penumbra el día
en que el calor de tu amistad, don Diego,

jugando de la luz con la armonía,
con la alma luz, de tu pincel el juego
el alma duplicó de la faz mía.

(1899)

II

> *De don Diego de Silva Velázquez*
> *a don Luis de Góngora y Argote.*

Alma de oro, fina voz de oro,
al venir hacia mí, ¿por qué suspiras?,
ya empieza el noble coro de las liras
a preludiar el himno a tu decoro;

ya al misterioso son del noble coro
calma el Centauro sus grotescas iras,
y con nueva pasión que les inspiras,
tornan a amarse Angélica y Medoro.

A Teócrito y Poussin la Fama dote
con la corona de laurel supremo;
que en donde da Cervantes el Quijote

y yo las telas con mis luces gemo,
para don Luis de Góngora y Argote
traerá una nueva palma Polifemo.

III

En tanto "pace estrellas" el Pegaso divino,
y vela tu hipogrifo, Velázquez, la Fortuna,
en los celestes parques al Cisne gongorino
deshoja sus sutiles margaritas la Luna.

Tu castillo, Velázquez, se eleva en el camino
del Arte como torre que de águilas es cuna,
y tu castillo, Góngora, se alza al azul cual una
jaula de ruiseñores labrada en oro fino.

Gloriosa la península que abriga tal colonia.
¡Aquí bronce corintio, y allá mármol de Jonia!
Las rosas a Velázquez, y a Góngora claveles.

De ruiseñores y águilas se pueblan las encinas,
y mientras pasa Angélica sonriendo a las Meninas,
salen las nueve musas de un bosque de laureles.

(Madrid, 1899)

UN SONETO A CERVANTES

A Ricardo Calvo

Horas de pesadumbre y de tristeza
paso en mi soledad. Pero Cervantes
es buen amigo. Endulza mis instantes
ásperos, y reposa mi cabeza.

Él es la vida y la naturaleza,
regala un yelmo de oros y diamantes
a mis sueños errantes.
Es para mí: suspira, ríe y reza.

Cristiano y amoroso y caballero,
parla como un arroyo cristalino.
¡Así le admiro y quiero,

viendo cómo el destino
hace que regocije al mundo entero
la tristeza inmortal de ser divino!

(París, 1903)

A GOYA

Poderoso visionario,
raro ingenio temerario,
por ti enciendo mi incensario.

Por ti, cuya gran paleta,
caprichosa, brusca, inquieta,
debe amar todo poeta;

por tus lóbregas visiones,
tus blancas irradiaciones,
tus negros y bermellones;

por tus colores dantescos,
por tus majos pintorescos
y las glorias de tus frescos.

Porque entra en tu gran tesoro
el diestro que mata al toro,
la niña de rizos de oro,

y con el bravo torero,
el infante, el caballero,
la mantilla y el pandero.

Tu loca mano dibuja
la silueta de la bruja
que en la sombra se arrebuja,

y aprende una abracadabra
del diablo patas de cabra
que hace una mueca macabra.

Musa soberbia y confusa,
ángel, espectro, medusa:
tal aparece tu musa.

Tu pincel asombra, hechiza,
ya en sus claros electriza,
ya en sus sombras sinfoniza;

con las manolas amables,
los reyes, los miserables,
o los Cristos lamentables.

En tu claroscuro brilla
la luz muerta y amarilla
de la horrenda pesadilla,

o hace encender tu pincel
los rojos labios de miel
o la sangre del clavel.

Tienen ojos asesinos
en sus semblantes divinos
tus ángeles femeninos.

Tu caprichosa alegría
mezclaba la luz del día
con la noche oscura y fría:

así es de ver y admirar
tu misteriosa y sin par
pintura crepuscular.

De lo que da testimonio:
por tus frescos, San Antonio;
por tus brujas, el demonio.

(¿1892?)

LETANÍA DE NUESTRO SEÑOR DON QUIJOTE

A Francisco Navarro Ledesma

Rey de los hidalgos, señor de los tristes,
que de fuerza alientas y de ensueños vistes,
coronado de áureo yelmo de ilusión;

que nadie ha podido vencer todavía,
por la adarga al brazo, toda fantasía,
y la lanza en ristre, toda corazón.

Noble peregrino de los peregrinos,
que santificaste todos los caminos
con el paso augusto de tu heroicidad,
contra las certezas, contra las conciencias
y contra las leyes y contra las ciencias,
contra la mentira, contra la verdad...

¡Caballero errante de los caballeros,
varón de varones, príncipe de fieros,
par entre los pares, maestro, salud!
¡Salud, porque juzgo que hoy muy poca tienes,
entre los aplausos o entre los desdenes,
y entre las coronas y los parabienes
y las tonterías de la multitud!

¡Tú, para quien pocas fueran las victorias
antiguas y para quien clásicas glorias
serían apenas de ley y razón,
soportas elogios, memorias, discursos,
resistes certámenes, tarjetas, concursos,
y, teniendo a Orfeo, tienes a orfeón!

Escucha, divino Rolando del sueño,
a un enamorado de tu Clavileño,
y cuyo Pegaso relincha hacia ti;
escucha los versos de estas letanías,
hechas con las cosas de todos los días
y con otras que en lo misterioso vi.

¡Ruega por nosotros, hambrientos de vida,
con el alma a tientas, con la fe perdida,
llenos de congojas y faltos de sol,

por advenedizas almas de manga ancha,
que ridiculizan el ser de la Mancha,
el ser generoso y el ser español!

¡Ruega por nosotros, que necesitamos
las mágicas rosas, los sublimes ramos
de laurel! *Pro nobis ora*, gran señor.
(Tiembla la floresta de laurel del mundo,
y antes que tu hermano vago, Segismundo,
el pálido Hamlet te ofrece una flor.)

Ruega generoso, piadoso, orgulloso,
ruega casto, puro, celeste, animoso;
por nos intercede, suplica por nos,
pues casi ya estamos sin savia, sin brote,
sin alma, sin vida, sin luz, sin Quijote,
sin pies y sin alas, sin Sancho y sin Dios.

De tantas tristezas, de dolores tantos,
de los superhombres de Nietzsche, de cantos
áfonos, recetas que firma un doctor,
de las epidemias de horribles blasfemias
de las Academias,
líbranos, señor.

De rudos malsines,
falsos paladines,
y espíritus finos y blandos y ruines,
del hampa que sacia
su canallocracia
con burlar la gloria, la vida, el honor,
del puñal con gracia,
¡líbranos, señor!

Noble peregrino de los peregrinos,
que santificaste todos los caminos

con el paso augusto de tu heroicidad,
contra las certezas, contra las conciencias
y contra las leyes y contra las ciencias,
contra la mentira, contra la verdad...

Ora por nosotros, señor de los tristes, que de fuerza
alientas y de ensueños vistes,
coronado de áureo yelmo de ilusión;
¡que nadie ha podido vencer todavía
por la adarga al brazo, toda fantasía,
y la lanza en ristre, toda corazón!

(Madrid, abril de 1905)

SONETO AUTUMNAL
AL MARQUÉS DE BRADOMÍN

Marqués (como el Divino lo eres), te saludo.
Es el Otoño, y vengo de un Versalles doliente.
Había mucho frío y erraba vulgar gente.
El chorro de agua de Verlaine estaba mudo.

Me quedé pensativo ante un mármol desnudo,
cuando vi una paloma que pasó de repente,
y por caso de cerebración inconsciente
pensé en ti. Toda exégesis en este caso eludo.

Versalles otoñal; una paloma; un lindo
mármol; un vulgo errante, municipal y espeso;
anteriores lecturas de tus sutiles prosas;

la reciente impresión de tus triunfos...prescindo
de más detalles para explicarte por eso
cómo, autumnal, te envío este ramo de rosas.

(Madrid, 1904)

SONETO

Para el Sr. D. Ramón del Valle-Inclán

Este gran don Ramón, de las barbas de chivo,
cuya sonrisa es la flor de su figura,
parece un viejo dios altanero y esquivo
que se animase en la frialdad de su escultura.

El cobre de sus ojos por instantes fulgura
y da una llama roja tras un ramo de olivo.
Tengo la sensación de que siento y que vivo
a su lado una vida más intensa y más dura.

Este gran don Ramón del Valle-Inclán me inquieta,
y a través del zodíaco de mis versos actuales
se me esfuma en radiosas visiones de poeta,

o se me rompe en un fracaso de cristales.
Yo le he visto arrancarse del pecho la saeta
que le lanzan los siete pecados capitales.

(1907)

BALADA LAUDATORIA

A don Ramón María del Valle-Inclán

Del país del sueño, tinieblas, brillos,
donde crecen plantas, flores extrañas,
entre los escombros de los castillos,
junto a las laderas de las montañas;
donde los pastores en sus cabañas
rezan, cuando al fuego dormita el can,
y donde las sombras antiguas van
por cuevas de lobos y de raposas,
ha traído cosas muy misteriosas
don Ramón María del Valle-Inclán.

Cosas misteriosas, trágicas, raras,
de cuentos obscuros de los antaños,
de amores terribles, crímenes, daños,
como entre vapores y solfataras,
caras sanguinarias, pálidas caras,
gritos ululantes, pena y afán,
infaustos hechizos, aves que van
bajo la amenaza del gerifalte,
dice en versos ricos de oro y esmalte
don Ramón María del Valle-Inclán.

Sus aprobaciones diera el gran Will
y sus alabanzas el gran Miguel,
a quien ya nos cuenta cuentos de abril
o poemas llenos de sangre y hiel.
Para él la palma con el laurel
que en manos de España listos están,
pues mil nobles lenguas diciendo van

que han sido ganadas en buena lid
por el otro manco que hay en Madrid:
don Ramón María del Valle-Inclán.

ENVÍO

Señor, que en Galicia tuviste cuna,
mis dos manos estas flores de te dan
amadas de Apolo y de la Luna,
cuya sacra influencia siempre nos una,
don Ramón María del Valle-Inclán.

(1912)

A JUAN RAMÓN JIMÉNEZ

ATRIO

¿Tienes, joven amigo, ceñida la coraza
para empezar, valiente, la divina pelea?
¿Has visto si resiste el metal de tu idea
la furia del mandoble y el peso de la maza?

¿Te sientes con la sangre de la celeste raza
que la vida con números pitagóricos crea?
¿Y, como el fuerte Herakles al león de Nemea,
a los sangrientos tigres del mal darías caza?

¿Te enternece al azul de una noche tranquila?
¿Escuchas pensativo el sonar de la esquila
cuando el Ángelus dice el alma de la tarde?

¿Tu corazón las voces ocultas interpreta?
Sigue, entonces, tu rumbo de amor. Eres poeta.
La belleza te cubra de luz y Dios te guarde.

(París, 1900)

ANTONIO MACHADO

Misterioso y silencioso
iba una y otra vez.
Su mirada era tan profunda
que apenas se podía ver.
Cuando hablaba tenía un dejo
de timidez y de altivez.
Y la luz de sus pensamientos
casi siempre se veía arder.
Era luminoso y profundo
como era hombre de buena fe.
Fuera pastor de mil leones
y de corderos a la vez.
Conduciría tempestades
o traería un panal de miel.
Las maravillas de la vida
y del amor y del placer.
Cantaba en versos profundos
cuyo secreto era de él.
Montado en un raro Pegaso,
un día al imposible fue.
Ruego por Antonio a mis dioses;
ellos le salven siempre. Amén.

(1905-1907)

VALLDEMOSA

Vago con los corderos y con las cabras trepo
como un pastor por estos montes de Valldemosa,
y entre olivares pingües y entre pinos de Alepo
diviso el mar azul que el sol baña de rosa.

Y en tanto que el Mediterráneo me acaricia
con su aliento yodado y su salino aroma,
creo mirar surgir una barca fenicia,
una vela de Grecia, un trirreme de Roma.

Y me saca de mi éxtasis en la dulce mañana,
el oír que del campo cercano llegan unas
notas de evocadora melopea africana
que canta una payesa recogiendo aceitunas.

Pían los libres pájaros en los vecinos huertos;
se enredan las copiosas viñas a las higueras,
y muestra el sexual higo dos labios entreabiertos
junto al ámbar quemado de las uvas postreras.

Plinio llama *Baleares funda bellicosas*
a estas islas hermanas de las islas Pytiusas;
yo sé que coronadas de pámpanos y rosas
aquí un tiempo danzaron ante la mar las musas.

Y si a esta región dieron Catarina y Raimundo
paz que a Cristo pidieron Raimundo y Catarina,
aún se oye el eco de la flauta que dio al mundo
con la música pánica vitalidad divina.

(Diciembre de 1913)

LA CARTUJA

Este vetusto monasterio ha visto,
secos de orar y pálidos de ayuno,
con el breviario y con el Santo Cristo,
a los callados hijos de San Bruno.

A los que en su existencia solitaria,
con la locura de la cruz y al vuelo
místicamente azul de la plegaria,
fueron a Dios en busca de consuelo.

Mortificaron con las disciplinas
y los cilicios la carne mortal
y opusieron, orando, las divinas
ansias celestes al furor sexual.

La soledad que amaba Jeremías,
el misterioso profesor de llanto,
y el silencio, en que encuentran armonías
el soñador, el místico y el santo,

fueron para ellos minas de diamantes
que cavan los mineros serafines
a la luz de los cirios parpadeantes
y al son de las campanas de maitines.

Gustaron las harinas celestiales
en el maravilloso simulacro,
herido el cuerpo bajo los sayales,
el espíritu ardiente en amor sacro.

Vieron la nada amarga de este mundo,
pozos de horror y dolores extremos,
y hallaron el concepto más profundo
en el profundo *"De morir tenemos"*.

Y como a Pablo e Hilarión y Antonio,
a pesar de cilicios y oraciones,
les presentó, con su hechizo, el demonio
sus mil visiones de fornicaciones.

Y fueron castos por dolor y fe,
y fueron pobres por la santidad,
y fueron obedientes porque fue
su reina de pies blancos la humildad.

Vieron los belcebúes y satanes,
que esas almas humildes y apostólicas
triunfaban de maléficos afanes
y de tantas acedias melancólicas.

Que el *Mortui estis* del candente Pablo
les forjaba corazas arcangélicas
y que nada podía hacer el diablo
de halagos finos o añagazas bélicas.

¡Ah!, fuera yo de esos que Dios quería
y que Dios quiere cuando así le place,
dichosos ante el temeroso día
de losa fría y *¡Requiescat in pace!*

Poder matar el orgullo perverso
y el palpitar de la carne maligna,
todo por Dios, delante el Universo,
con corazón que sufre y se resigna.

Sentir la unción de la divina mano,
ver florecer de eterna luz mi anhelo,
y oír como un Pitágoras cristiano
la música teológica del cielo.

Y al fauno que hay en mí, darle la ciencia,
que al Ángel hace estremecer las alas.
Por la oración y por la penitencia
poner en fuga a las diablesas malas.

Darme otros ojos, no estos ojos vivos
que gozan en mirar, como los ojos
de los sátiros locos medio-chivos,
redondeces de nieve y labios rojos.

Darme otra boca en que queden impresos
los ardientes carbones del asceta,
y no esta boca en que vinos y besos
aumentan gulas de hombre y de poeta.

Darme unas manos de disciplinante
que me dejen el lomo ensangrentado,
y no estas manos lúbricas de amante
que acarician las pomas del pecado.

Darme una sangre que me deje llenas
las venas de quietud y en paz los sesos,
y no esta sangre que hace arder las venas,
vibrar los nervios y crujir los huesos.

¡Y quedar libre de maldad y engaño
y sentir una mano que me empuja
a la cueva que acoge al ermitaño,
o al silencio y la paz de la Cartuja!

(Valldemosa, Mallorca, invierno de 1913)

LOS OLIVOS

A Juan Sureda

Los olivos que tu Pilar pintó, son ciertos.
Son paganos, cristianos y modernos olivos,
que guardan los secretos deseos de los muertos
con gestos, voluntades y ademanes de vivos.

Se han juntado a la tierra, porque es carne de tierra
su carne; y tienen brazos y tienen vientre y boca
que lucha por decir el estigma que encierra
su ademán vegetal o su querer de roca.

En los Getsemaníes que en la isla de oro
fingen en torturada pasividad eterna,
se ve una muchedumbre que haya escuchado un coro
o que acaba de hallar la agua de una cisterna.

Ni Gustavo Doré miró estas maravillas,
ni se puede pintar como Aurora Dupin
con incomodidad, con prosa y con rencillas
lo que bien comprendía el divino Chopin...

Los olivos que están aquí son los olivos
que desde las pristinas estaciones están
y que vieron danzar los faunos y los chivos
que seguían el movimiento que dio Pan.

Los olivos que están aquí, los ejercicios
vieron de los que daban la muerte con las piedras
y miraron pasar los cortejos fenicios
como nupcias romanas coronadas de hiedras.

Mas sobre toda aquesa usual arqueología
vosotros, cuyo tronco y cuyas ramas son
hechos de la sonora y divina armonía
que puso en vuestro torno Publio Ovidio Nasón.

No hay religión o las hay todas por vosotros.
Las Américas rojas y las Asias distantes
llevan sus dioses en los tropeles de potros
o las rituales caminatas de elefantes.

Que buscando lo angosto de la eterna esperanza,
nos ofrece el naciente de una inmediata aurora,
con lo que todo quiere y lo que nada alcanza,
que es la fe y la esperanza y lo que nada implora.

(Valldemosa, Mallorca, invierno de 1913.)

GAITA GALAICA

Gaita galaica, sabes cantar
lo que profundo y dulce nos es.
Dices de amor, y dices después
de un amargor como el de la mar.

Canta. Es el tiempo. Haremos danzar
al fino verso de rítmicos pies.
Ya nos lo dijo el Eclesiastés:
tiempo hay de todo: hay tiempo de amar,

tiempo de ganar, tiempo de perder,
tiempo de plantar, tiempo de coger,
tiempo de llorar, tiempo de reír,

tiempo de rasgar, tiempo de coser,
tiempo de esparcir y de recoger,
tiempo de nacer, tiempo de morir.

IV
INTIMIDAD
["Y NO SABER ADÓNDE VAMOS..."]

YO PERSIGO UNA FORMA...

Yo persigo una forma que no encuentra mi estilo,
botón de pensamiento que busca ser la rosa;
se anuncia con un beso que en mis labios se posa
al abrazo imposible de la Venus de Milo.

Adornan verdes palmas el blanco peristilo;
los astros me han predicho la visión de la Diosa;
y en mi alma reposa la luz como reposa
el ave de la luna sobre un lago tranquilo.

Y no hallo sino la palabra que huye,
la iniciación melódica que de la flauta fluye
y la barca del sueño que en el espacio boga;

y bajo la ventana de mi Bella Durmiente,
el sollozo continuo del chorro de la fuente
y el cuello del gran cisne blanco que me interroga.

(1901)

AMA TU RITMO...

Ama tu ritmo y ritma tus acciones
bajo su ley, así como tus versos;
eres un universo de universos
y tu alma una fuente de canciones.

La celeste unidad que presupones
hará brotar en ti mundos diversos,
y al resonar tus números dispersos
pitagoriza en tus constelaciones.

Escucha la retórica divina
del pájaro, del aire y la nocturna
irradiación geométrica adivina;

mata la indificencia taciturna
y engarza perla y perla cristalina
en donde la verdad vuelca su urna.

(1901)

SPES

Jesús, incomparable perdonador de injurias,
óyeme; Sembrador de trigo, dame el tierno
pan de tus hostias; dame, contra el sañudo infierno,
una gracia lustral de iras y lujurias.

Dime que este espantoso horror de la agonía
que me obsede, es no más de mi culpa nefanda,
que al morir hallaré la luz de un nuevo día
y que entonces oiré mi "¡levántate y anda!"

(¿1905?)

DE OTOÑO

Yo sé que hay quienes dicen: ¿Por qué no canta ahora
con aquella locura armoniosa de antaño?
Ésos no ven la obra profunda de la hora,
la labor del minuto y el prodigio del año.

Yo, pobre árbol, produje, al amor de la brisa,
cuando empecé a crecer, un vago y dulce son.
Pasó ya el tiempo de la juvenil sonrisa:
¡dejad al huracán mover mi corazón!

¡TORRES DE DIOS!

¡Torres de Dios! ¡Poetas!
¡Pararrayos celestes,
que resistís las duras tempestades
como crestas escuetas,
como picos agrestes,
rompeolas de las eternidades!

La mágica esperanza anuncia un día
en que sobre la roca de armonía
expirará la pérfida sirena.
¡Esperad, esperemos todavía!

Esperad todavía.
El bestial elemento se solaza
en el odio a la sacra poesía
y se arroja baldón de raza a raza.
La insurrección de abajo

tiende a los Excelentes.
El caníbal codicia su tasajo
con roja encía y afilados dientes.

Torres, poned al pabellón sonrisa.
Poned ante ese mal y ese recelo
una soberbia insinuación de brisa
y una tranquilidad de mar y cielo...

(París, 1903)

DIVINA PSIQUIS

¡Divina Psiquis, dulce mariposa invisible
que desde los abismos has venido a ser todo
lo que en mi ser nervioso y en mi cuerpo sensible
forma la chispa sacra de la estatua de lodo!

Te asomas por mis ojos a la luz de la tierra
y prisionera vives en mí de extraño dueño:
te reducen a esclava mis sentidos en guerra
y apenas vagas libre por el jardín del sueño.

Sabia de la Lujuria que sabe antiguas ciencias,
te sacudes a veces entre imposibles muros,
y más allá de todas las vulgares conciencias
exploras los recodos más terribles y oscuros.

Y encuentras sombra y duelo. Que sombra y duelo
   encuentres
bajo la viña en donde nace el vino del diablo.
Te posas en los senos, te posas en los vientres
que hicieron a Juan loco e hicieron cuerdo a Pablo.
A Juan virgen y a Pablo militar y violento;
a Juan que nunca supo del supremo contacto;
a Pablo el tempestuoso que halló a Cristo en el viento,
y a Juan ante quien Hugo se queda estupefacto.

Entre la catedral y las ruinas paganas
vuelas, ¡oh Psiquis, oh alma mía!
—como decía
aquel celeste Edgardo,
que entró en el Paraíso entre un son de campanas
y un perfume de nardo—,
entre la catedral
y las paganas ruinas
repartes tus dos alas de cristal,
tus dos alas divinas.
Y de la flor
que el ruiseñor
canta en su griego antiguo, de la rosa,
vuelas, ¡oh Mariposa!,
a posarte en un clavo de nuestro Señor.

CANCIÓN DE OTOÑO
EN PRIMAVERA

A G. Martínez Sierra

Juventud, divino tesoro,
¡ya te vas para no volver!
Cuando quiero llorar no lloro,
y a veces lloro sin querer...

Plural ha sido la celeste
historia de mi corazón.
Era una dulce niña, en este
mundo de duelo y aflicción.

Miraba como el alba pura;
sonreía como una flor.
Era su cabellera oscura
hecha de noche y de dolor.

Yo era tímido como un niño.
Ella, naturalmente, fue,
para mi amor hecho de armiño,
Herodías y Salomé...

Juventud, divino tesoro,
¡ya te vas para no volver!
Cuando quiero llorar no lloro,
y a veces lloro sin querer...

Y más consoladora y más
halagadora y expresiva,
la otra fue más sensitiva
cual no pensé encontrar jamás.

Pues a su continua ternura
una pasión violenta unía.
En un peplo de gasa pura
una bacante se envolvía...

En sus brazos tomó mi ensueño
y lo arrulló como a un bebé...
Y le mató, triste y pequeño,
falto de luz, falto de fe...

Juventud, divino tesoro,
¡te fuiste para no volver!
Cuando quiero llorar, no lloro
y a veces lloro sin querer...

Otra juzgó que era mi boca
el estuche de su pasión;
y que me roería, loca,
con sus dientes el corazón,

poniendo en un amor de exceso
la mira de su voluntad,
mientras eran abrazo y beso
síntesis de la eternidad;

y de nuestra carne ligera
imaginar siempre un Edén,
sin pensar que la Primavera
y la carne acaban también...

Juventud, divino tesoro,
¡ya te vas para no volver!
Cuando quiero llorar, no lloro,
y a veces lloro sin querer...

¡Y las demás! En tantos climas,
en tantas tierras siempre son,
si no pretextos de mis rimas,
fantasmas de mi corazón.

En vano busqué a la princesa
que estaba triste de esperar.
La vida es dura, amarga y pesa.
¡Ya no hay princesa que cantar!

Mas a pesar del tiempo terco,
mi sed de amor no tiene fin;
con el cabello gris, me acerco
a los rosales del jardín...

Juventud, divino tesoro,
¡ya te vas para no volver...!
Cuando quiero llorar, no lloro,
y a veces lloro sin querer...

¡Mas es mía el Alba de oro!

LO FATAL

A René Pérez

Dichoso el árbol que es apenas sensitivo,
y más la piedra dura, porque ésa ya no siente,
pues no hay dolor más grande que el dolor de ser vivo,
ni mayor pesadumbre que la vida consciente.

Ser, y no saber nada, y ser sin rumbo cierto,
y el temor de haber sido y un futuro terror...
Y el espanto seguro de estar mañana muerto,
y sufrir por la vida y por la sombra y por

lo que no conocemos y apenas sospechamos,
y la carne que tienta con sus frescos racimos,
y la tumba que aguarda con sus fúnebres ramos,
y no saber adónde vamos,
¡ni de dónde venimos!...

POEMA DEL OTOÑO

A Mariano Miguel de Val

Tú, que estás la barba en la mano
meditabundo,
¿has dejado pasar, hermano,
la flor del mundo?

Te lamentas de los ayeres
con quejas vanas:
¡aún hay promesas de placeres
en las mañanas!

Aún puedes casar la olorosa
rosa y el lis,
y hay mirtos para tu orgullosa
cabeza gris.

El alma ahíta cruel inmola
lo que la alegra,
como Zingua, reina de Angola,
lúbrica negra.

Tú has gozado de la hora amable,
y oyes después
la imprecación del formidable
Eclesiastés.

El domingo de amor te hechiza;
mas mira cómo
llega el miércoles de ceniza;
Memento, homo...

Por eso hacia el florido monte
las almas van,
y se explican Anacreonte
y Omar Kayam.

Huyendo del mal, de improviso
se entra en el mal
por la puerta del paraíso
artificial.

Y no obstante, la vida es bella,
por poseer
la perla, la rosa, la estrella
y la mujer.

Lucifer brilla. Canta el ronco
mar. Y se pierde
Silvano oculto tras el tronco
del haya verde.

Y sentimos la vida pura,
clara, real,
cuando la envuelve la dulzura
primaveral.

¿Para qué las envidias viles
y las injurias,
cuando retuercen sus reptiles
pálidas furias?

¿Para qué los odios funestos
de los ingratos?
¿Para qué los lívidos gestos
de los Pilatos?

¡Si lo terreno acaba, en suma,
cielo e infierno,
y nuestras vidas son la espuma
de un mar eterno!

Lavemos bien de nuestra veste
la amarga prosa;
soñemos en una celeste,
mística rosa.

Cojamos la flor del instante;
¡la melodía
de la mágica alondra cante
la miel del día!

Amor a tu fiesta convida
y nos corona;
todos tenemos en la vida
nuestra Verona.

Aun en la hora crepuscular
canta una voz:
"¡Ruth, risueña, viene a espigar
para Booz!"

Mas coged la flor del instante,
cuando en Oriente
nace el alba para el fragante
adolescente.

¡Oh niño que con Eros juegas,
niños lozanos,
danzad como las ninfas griegas
y los silvanos!

El viejo tiempo todo roe
y va de prisa;
sabed vencerle, Cintia, Cloe
y Cidalisa.

Trocad por rosas azahares,
que suena el son
de alquel Cantar de los Cantares
de Salomón.

Príapo vela en los jardines
que Cipris huella;
Hécate hace aullar los mastines;
mas Diana es bella,

y apenas envuelta en los velos
de la ilusión,
baja a los bosques de los cielos
por Endimión.

¡Adolescencia! Amor te dora
con su virtud;
goza del beso de la aurora,
¡oh juventud!

¡Desventurado el que ha cogido
tarde la flor!
Y ¡ay de aquel que nunca ha sabido
lo que es amor!

Yo he visto en tierra tropical
la sangre arder,
como en un cáliz de cristal,
en la mujer.

Y en todas partes, la que ama
y se consume
como una flor hecha de llama
y de perfume.

Abrasaos en esa llama
y respirad
ese perfume que embalsama
la Humanidad.

Gozad de la carne, ese bien
que hoy nos hechiza,
y después se tornará en
polvo y ceniza.

Gozad del sol, de la pagana
luz de sus fuegos;
gozad del sol, porque mañana
estaréis ciegos.

Gozad de la dulce armonía
que a Apolo invoca;
gozad del canto, porque un día
no tendréis boca.

Gozad de la tierra, que un
bien cierto encierra;
gozad, porque no estáis aún
bajo la tierra.

Apartad el temor que os hiela
y que os restringe;
la paloma de Venus vuela
sobre la Esfinge.

Aún vencen muerte, tiempo y hado
las amorosas;
en las tumbas se han encontrado
mirtos y rosas.

Aún Anadiómena en sus lidias
nos da ayuda;
aún resurge en la obra de Fidias
Friné desnuda.

Vive el bíblico Adán robusto,
de sangre humana,
y aún siente nuestra lengua el gusto
de la manzana.

Y hace de este globo viviente
fuerza y acción
la universal y omnipotente
fecundación.

El corazón del cielo late
por la victoria
de este vivir, que es un combate
y es una gloria.

Pues aunque hay pena y nos agravia
el sino adverso,
en nosotros corre la savia
del universo.

Nuestro cráneo guarda el vibrar
de tierra y sol,
como el ruido de la mar
el caracol.

La sal del mar en nuestras venas
va a borbotones;
tenemos sangre de sirenas
y de tritones.

A nosotros encinas, lauros,
frondas espesas;
tenemos carne de centauros
y satiresas.

En nosotros la vida vierte
fuerza y calor.
¡Vamos al reino de la Muerte
por el camino del Amor!

(¿1909?)

NOCTURNO

Silencio de la noche, doloroso silencio
nocturno... ¿Por qué el alma tiembla de tal manera?
Oigo el zumbido de mi sangre,
dentro mi cráneo pasa una suave tormenta.
¡Insomnio! No poder dormir, y, sin embargo,
soñar. Ser la auto-pieza
de disección espiritual, ¡el auto-Hamlet!
Diluir mi tristeza
en un vino de noche
en el maravilloso cristal de las tinieblas...
Y me digo: ¿a qué hora vendrá el alba?
Se ha cerrado una puerta...
Ha pasado un transeúnte...
Ha dado el reloj tres horas... ¡Si será ella!...

NOCTURNO

Quiero expresar mi angustia en versos que abolida
dirán mi juventud de rosas y de ensueños,
y la desfloración amarga de mi vida
por un vasto dolor y cuidados pequeños.

Y el viaje a un vago Oriente por entrevistos barcos,
y el grano de oraciones que floreció en blasfemia,
y los azoramientos del cisne entre los charcos
y el falso azul nocturno de inquerida bohemia.

Lejano clavicordio que en silencio y olvido
no diste nunca al sueño la sublime sonata,
huérfano esquife, árbol insigne, obscuro nido
que suavizó la noche de dulzura de plata...

Esperanza olorosa a hierbas frescas, trino
del ruiseñor primaveral y matinal,
azucena tronchada por un fatal destino,
rebusca de la dicha, persecución del mal...

El ánfora funesta del divino veneno
que ha de hacer por la vida la tortura interior,
la conciencia espantable de nuestro humano cieno
y el horror de sentirse pasajero, el horror

de ir a tientas, en intermitentes espantos,
hacia lo inevitable y desconocido y la
pesadilla brutal de este dormir de llantos
de la cual no hay más que Ella que nos despertará.

NOCTURNO

A Mariano de Cavia

Los que auscultasteis el corazón de la noche,
los que por el insomnio tenaz habéis oído
el cerrar de una puerta, el resonar de un coche
lejano, un eco vago, un ligero ruido...

En los instantes del silencio misterioso,
cuando surgen de su prisión los olvidados,
en la hora de los muertos, en la hora del reposo,
¡sabréis leer estos versos de amargor impregnados!...

Como en un vaso vierto en ellos mis dolores
de lejanos recuerdos y desgracias funestas,
y las tristes nostalgias de mi alma, ebria de flores,
y el duelo de mi corazón, triste de fiestas.

Y el pesar de no ser lo que yo hubiera sido,
la pérdida del reino que estaba para mí,
el pensar que un instante pude no haber nacido,
¡y el sueño que es mi vida desde que yo nací!

Todo esto viene en medio del silencio profundo
en que la noche envuelve la terrena ilusión,
y siento como un eco del corazón del mundo
que penetra y conmueve mi propio corazón.

MELANCOLÍA

A Domingo Bolívar

Hermano, tú que tienes la luz, dime la mía.
Soy como un ciego. Voy sin rumbo y ando a tientas.
Voy bajo tempestades y tormentas,
ciego de ensueño y loco de armonía.

Ése es mi mal. Soñar. La poesía
en la camisa férrea de mil puntas cruentas
que llevo sobre el alma. Las espinas sangrientas
dejan caer las gotas de mi melancolía.

Y así voy, ciego y loco, por este mundo amargo;
a veces me parece que el camino es muy largo,
y a veces que es muy corto...

Y en este titubeo de aliento y agonía,
cargo lleno de penas lo que apenas soporto.
¿No oyes caer las gotas de mi melancolía?

FILOSOFÍA

Saluda al sol, araña, no seas rencorosa.
Da tus gracias a Dios, oh sapo, pues que eres.
El peludo cangrejo tiene espinas de rosa
y los moluscos reminiscencias de mujeres.
Saber ser lo que sois, enigmas siendo formas;
deja la responsabilidad a las Normas,
que a su vez la enviarán al Todopoderoso...
(Toca, grillo, a la luz de la luna; y dance el oso.)

AY, TRISTE DEL QUE UN DÍA...

Ay, triste del que un día en su esfinge interior
pone los ojos e interroga. Está perdido.
Ay del que pide eurekas al placer o al dolor.
Dos dioses hay, y son: Ignorancia y Olvido.

Lo que el árbol desea decir y dice al viento,
y lo que el animal manifiesta en su instinto
cristalizamos en palabra y pensamiento.
Nada más que maneras expresan lo distinto.

CANCIÓN DE OTOÑO
A LA ENTRADA DEL INVIERNO

¡Ya tengo miedo de querer!,
puesto que aquello que es querido
se está en peligro de perder
por engaño, o ausencia u olvido.

Y si es querer a una mujer,
como me enseñó a padecer
tal o cual pasado amor mío,
sería en mi alma desvarío
el repetir y recaer.
Yo vi un cisne muerto de frío...
¡Ya tengo miedo de querer!

Como la amistad es abrigo
en la lucha de nuestro ser,
aún sé gustar pan de su trigo.
En su campo me fui a pacer.
Y a ser el "asno" del amigo...
¡Ya tengo miedo de querer!

Quise amar a un ángel sagrado
y quise amar a Lucifer,
y por los dos fui traicionado;
ninguno en mi alma pudo ver
lo que hay de puro o condenado...
¡Ya tengo miedo de querer!

Mi vida, como Asuero a Ester,
maceré con sagrados ungüentos.
Nadie ha visto mis pensamientos
del modo que se deben ver.

Yo siempre guardo mis alientos
confiado en lo que tienen de poder
los misteriosos elementos...
¡Ya tengo miedo de querer!

A ti, fuerza desconocida,
quisiera consagrar mi vida
si algo de ti dejaras ver
a mi ánima dolorida
de tanto sufrir y caer,
y a mi fe en la nieve aterida...
¡Si gracia en mí fuera encendida
no habría miedo de querer!

(Guatemala, otoño de 1915)

EPÍSTOLA

A la señora de Leopoldo Lugones

I

*Madame Lugones, j'ai commencé ces vers
en écoutant la voix d'un carillon d'Anvers...*
¡Así empecé, en francés, pensando en Rodenbach
cuando hice hacia el Brasil una fuga... de Bach!

En Río de Janeiro iba yo a proseguir
poniendo en cada verso el oro y el zafir
y la esmeralda de esos pájaros-moscas
que melifican entre las áureas siestas foscas
que temen los que temen el cruel vómito negro.

Ya no existe allá fiebre amarilla. ¡Me alegro!
Et pour cause. Yo pan-americanicé
con un vago temor y con muy poca fe
en la tierra de los diamantes y la dicha
tropical. Me encantó ver la vera machicha,
mas encontré también un gran núcleo cordial
de almas llenas de amor, de ensueños, de ideal.
Y si había un calor atroz, también había
todas las consecuencias y ventajas del día,
en panorama igual al de los cuadros y hasta
igual al que pudiera imaginarse... Basta.
Mi ditirambo brasileño es ditirambo
que aprobaría tu marido. *Arcades ambo.*

II

Mas al calor de ese Brasil maravilloso,
tan fecundo, tan grande, tan rico, tan hermoso,
a pesar de Tijuca y del cielo opulento,
a pesar de ese foco vivaz de pensamiento,
a pesar de Nabuco, embajador, y de
los delegados panamericanos que
hicieron lo posible por hacer cosas buenas,
saboreé lo ácido del saco de mis penas;
quiero decir que me enfermé. La neurastenia
es un don que me vino con mi obra primigenia
¡Y he vivido tan mal, y tan bien, cómo y tanto!
¡Y tan buen comedor guardo bajo mi manto!
¡Y tan buen bebedor tengo bajo mi capa!
¡Y he gustado bocados de cardenal y papa!...
Y he exprimido la ubre cerebral tantas veces,
que estoy grave. Esto es mucho ruido y pocas nueces,
según dicen doctores de una sapiencia suma.

Mis dolencias se van en ilusión y espuma.
Me recetan que no haga nada ni piense nada,
que me retire al campo a ver la madrugada
con las alondras y con Garcilaso, y con
el *sport*. ¡Bravo! Sí. Bien. Muy bien. ¿Y *La Nación*?
¿Y mi trabajo diario y preciso y fatal?
¿No se sabe que soy cónsul como Stendhal?
Es preciso que el médico que eso recete dé
también libro de cheques para el Crédit Lyonnais
y envíe un automóvil devorador del viento,
en el cual se pasee mi egregio aburrimiento
harto de profilaxis, de ciencia y de verdad.

III

En fin, convaleciente, llegué a nuestra ciudad
de Buenos Aires, no sin haber escuchado
a míster Root a bordo del *Charleston* sagrado,
mas mi convalecencia duró poco. ¿Qué digo?
Mi emoción, mi entusiasmo y mi recuerdo amigo,
y el banquete de *La Nación*, que fue estupendo,
y mis viejas siringas con su pánico estruendo,
y ese fervor porteño, ese perpetuo arder,
y el milagro de gracia que brota en la mujer
argentina, y mis ansias de gozar de esa tierra,
me pusieron de nuevo con mis nervios en guerra.
Y me volví a París. Me volví al enemigo
terrible, centro de la neurosis, ombligo
de la locura, foco de todo *surménage*
donde hago buenamente mi papel de *sauvage*
encerrado en mi celda de la rue Marivaux,
confiando sólo en mí y resguardando el yo.
¡Y si lo resguardara, señora, si no fuera
lo que llaman los parisienses una *pera*!

A mi rincón me llegan a buscar las intrigas,
las pequeñas miserias, las traiciones amigas,
y las ingratitudes. Mi maldita visión
sentimental del mundo me aprieta el corazón,
y así cualquier tunante me explotará a su gusto.
Soy así. Se me puede burlar con calma. Es justo.
Por eso los astutos, los listos, dicen que
no conozco el valor del dinero. ¡Lo sé!
Que ando, nefelibata, por las nubes... Entiendo.
Que no soy hombre práctico en la vida... ¡Estupendo!
Sí; lo confieso, soy inútil. No trabajo
por arrancar a otro su pitanza; no bajo
a hacer la vida sórdida de ciertos previsores.
Yo no ahorro ni en seda, ni en champaña, ni en flores.
No combino sutiles pequeñeces, ni quiero
quitarle de la boca su pan al compañero.
Me complace en los cuellos blancos ver los diamantes.
Gusto de gentes de maneras elegantes
y de finas palabras y de nobles ideas.
Las gentes sin higiene ni urbanidad, de feas
trazas, avaros, torpes, o malignos y rudos,
mantienen, lo confieso, mis entusiasmos mudos.
No conozco el valor del oro... ¿Saben esos
que tal dicen lo amargo del jugo de mis sesos,
del sudor de mi alma, de mi sangre y mi tinta,
del pensamiento en obra y de la idea encinta?
¿He nacido yo acaso hijo de millonario?
¿He tenido yo Cirineo en mi Calvario?

IV

Tal continué en París lo empezado en Anvers.
Hoy, heme aquí en Mallorca, *la terra dels foners,*

como dice Mosén Cinto, el gran catalán.
Y desde aquí, señora, mis versos a ti van,
olorosos a sal marina y a azahares,
al suave aliento de las islas Baleares.
Hay un mar tan azul como el Partenopeo.
Y al azul celestial, vasto como un deseo,
su techo cristalino bruñe con el sol de oro.
Aquí todo es alegre, fino, sano y sonoro.
Barcas de pescadores sobre la mar tranquila
descubro desde la terraza de mi *villa,*
que se alza entre las flores de su jardín fragante
con un monte detrás y con la mar delante.

V

A veces me dirijo al mercado, que está
en la Plaza Mayor. (Qué, Coppée, ¿no es verdá?)
Me rozo con un núcleo crespo de muchedumbre
que viene por la carne, la fruta y la legumbre.
Las mallorquinas usan una modesta falda,
pañuelo en la cabeza y la trenza a la espalda.
Esto, las que yo he visto, al pasar, por supuesto.
Y las que no la lleven no se enojen por esto.
He visto unas payesas con sus negros corpiños,
con cuerpos de odaliscas y con ojos de niños;
y un velo que les cae por la espalda y el cuello
dejando al aire libre lo obscuro del cabello.
Sobre la falda clara un delantal vistoso.
Y saludan con un *bon dia tengui* gracioso,
entre los cestos llenos de patatas y coles,
pimientos de corales, tomates de arreboles,
sonrosadas cebollas, melones y sandías,

que hablan de las Arabias y las Andalucías.
Calabazas y nabos para ofrecer asuntos
a madame Noailles y Francis Jammes juntos.

A veces me detengo en la plaza de abastos
como si respirase soplos de vientos vastos,
como si se me entrase con el respiro el mundo.
Estoy ante la casa en que nació Raimundo
Lulio. Y en este instante mi recuerdo me cuenta
las cosas que le dijo la Rosa a la Pimienta...
¡Oh, cómo yo diría el sublime destierro
y la lucha y la gloria del mallorquín de hierro!
¡Oh, cómo cantaría en un carmen sonoro
la vida, el alma, el numen, del mallorquín de oro!
De los hondos espíritus es de mis preferidos.
Sus robles filosóficos están llenos de nidos
de ruiseñor. Es otro y es hermano del Dante.
¡Cuántas veces pensara su verbo de diamante
delante la Sorbona vieja del París sabio!
¡Cuántas veces he visto su infolio y su astrolabio
en una bruma vaga de ensueño, y cuántas veces
le oí hablar de los árabes cual Antonio a los peces,
es un imaginar de pretéritas cosas
que por ser tan antiguas se sienten tan hermosas!

VI

Hice una pausa.
            El tiempo se ha puesto malo. El mar
a la furia del aire no cesa de bramar.
El temporal no deja que entren los vapores. Y
un *yacht* de lujo busca refugio en Porto-Pi.

Porto-Pi es una rada cercana y pintoresca.
Vista linda, aguas bellas, luz dulce y tierra fresca.

¡Ah, señora, si fuese posible a algunos el
dejar su Babilonia, su Tiro, su Babel,
para poder venir a hacer su vida entera
en esta luminosa y espléndida ribera!
Hay no lejos de aquí un archiduque austriaco
que las pomas de Ceres y las uvas de Baco
cultiva en un retiro archiducal y egregio.
Hospeda como un monje —y el hospedaje es regio—.
Sobre las rocas se alza la mansión señorial
y la isla le brinda ambiente imperial.

Es un pariente de Jean Orth. Es un atrida
que aquí ha encontrado el cierto secreto de su vida.
Es un cuerdo. Aplaudamos al príncipe discreto
que aprovecha a la orilla del mar ese secreto.
La isla es florida y llena de encanto en todas partes.
Hay un aire propicio para todas las artes.
En Pollensa ha pintado Santiago Rusiñol
cosas de flor de luz y seda de sol.
Y hay villa de retiro espiritual famosa.
La literata Sand escribió en Valldemosa
un libro. Ignoro si vino aquí con Musset,
y si la vampiresa sufrió o gozó, no sé[1].

¿Por qué mi vida errante no me trajo a estas sanas
costas antes de que las prematuras canas
de alma y cabeza hicieran de mí la mezcolanza
formada de tristeza, de vida y esperanza?
¡Oh, qué buen mallorquín me sentiría ahora!

---

[1] He leído ya el libro que hizo Aurora Dupin.
 Fue Chopin el amante aquí. ¡Pobre Chopin!...

¡Oh, cómo gustaría sal de mar, miel de aurora,
al sentir como en un caracol en mi cráneo
el divino y eterno rumor mediterráneo!
Hay en mí un griego antiguo que aquí descansó un día
después que le dejaron loco de melodía
las sirenas rosadas que atrajeron su barca.
Cuanto mi ser respira, cuanto mi vida abarca,
es recordado por mis íntimos sentidos,
los aromas, las luces, los ecos, los ruidos,
como en ondas atávicas me traen añoranzas
que forman mis ensueños, mis vidas y esperanzas.

Mas, ¿dónde está aquel templo de mármol, y la gruta
donde mordí aquel seno dulce como una fruta?
¿Dónde los hombres ágiles que las piedras redondas
recogían para los cueros de sus hondas?...

Calma, calma. Esto es mucha poesía, señora.
Ahora hay comerciantes muy modernos. Ahora
mandan barcos prosaicos la dorada Valencia,
Marsella, Barcelona y Génova. La ciencia
comercial es hoy fuerte y lo acapara todo.
Entre tanto, respiro mi salitre y mi yodo
brindados por las brisas de aqueste golfo inmenso,
y a un tiempo, como Kant y como el asno, pienso:
Es lo mejor.

VII

       Y aquí mi epístola concluye.
Hay un ansia de tiempo que de mi pluma fluye
a veces, como hay veces de enorme economía.

"Si hay, he dicho, señora, alma clara, es la mía."
Mírame transparentemente, con tu marido,
y guárdame lo que tú puedas del olvido.

> (Anvers, Buenos Aires, París,
> Palma de Mallorca, MCMVI)

A FRANCISCA

I

Francisca, tú has venido
en la hora segura;
la mañana es obscura
y está caliente el nido.
Tú tienes el sentido
de la palabra pura,
y tu alma te asegura
el amante marido.

Un marido y amante
que, terrible y constante,
será contigo dos.
Y que fuera contigo,
como amante y amigo,
al infierno o a Dios.

II

Francisca, es la alborada,
y la aurora es azul;
el amor es inmenso

y eres pequeña tú.
Mas en tu pobre urna
cabe la eterna luz,
que es de tu alma y la mía
un diamante común.

III

¡Franca, cristalina,
alma sororal,
entre la neblina
de mi dolor y de mi mal!
    Alma pura,
    alma franca,
    alma obscura
    y tan blanca...
      Sé conmigo
      un amigo,
sé lo que debes ser,
lo que Dios te propuso,
la ternura y el huso,
con el grano de trigo
y la copa de vino,
y el arrullo sincero
    y el trino,
a la hora y a tiempo.
¡A la hora del alba y de la tarde,
al despertar y del soñar y el beso!

Alma sororal y obscura,
con tus cantos de España,
que te juntas a mi vida
    rara,
y a mi soñar difuso,
y a mi soberbia lira,

con tu rueca y tu huso,
ante mi bella mentira,
ante Verlaine y Hugo,
    ¡tú que vienes
de campos remotos y ocultos!

IV

La fuente dice: "Yo te he visto soñar."
El árbol dice: "Yo te he visto pensar."
Y aquel ruiseñor de los mil años
repite lo del cuervo: "¡Jamás!"

V

Francisca, sé suave,
es tu dulce deber;
se para mí un ave
que fuera una mujer.

Francisca, sé una flor
y mi vida perfuma,
hecha toda de amor
y de dolor y espuma.

Francisca, sé un ungüento
como mi pensamiento;
Francisca, sé una flor
cual mi sutil amor;
Francisca, sé mujer,
como se debe ser...

Saber amar y sentir
y admirar como rezar...
Y la ciencia del vivir
y la virtud de esperar.

VI

Ajena al dolo y al sentir artero
llena de la ilusión que da la fe,
lazarillo de Dios en mi sendero,
Francisca Sánchez, acompáñame...

En mi pensar de duelo y de martirio
casi inconsciente me pusiste miel,
multiplicaste pétalos de lirio
y refrescaste la hoja de laurel.

Ser cuidadosa del dolor supiste
y elevarte al amor sin comprender;
enciendes luz en las horas del triste,
pones pasión donde no puede haber.

Seguramente Dios te ha conducido
para regar el árbol de mi fe;
hacia la fuente de noche y de olvido,
Francisca Sánchez, acompáñame...

(París, 21 de febrero de 1914)

A PHOCÁS EL CAMPESINO

Phocás el campesino, hijo mío, que tienes,
en apenas escasos meses de vida, tantos
dolores en tus ojos que esperan tantos llantos
por el fatal pensar que revelan tus sienes...
Tarda en venir a este dolor adonde vienes,
a este mundo terrible en duelos y en espantos;
duerme bajo los Ángeles, sueña bajo los santos,
que ya tendrás la Vida para que te envenenes...
Sueña, hijo mío, todavía, y cuando crezcas,
perdóname el fatal don de darte la vida
que yo hubiera querido de azul y rosas frescas;
pues tú eres la crisálida de mi alma entristecida,
y te he de ver en medio del triunfo que merezcas
renovando el fulgor de mi psique abolida.

(¿1904?)

LO VITAL. EROS

["CARNE, CELESTE CARNE
DE LA MUJER..."]

EL POETA PREGUNTA POR STELLA

Lirio divino, lirio de las Anunciaciones;
lirio, florido príncipe,
hermano perfumado de las estrellas castas,
joya de los abriles.

A ti las blancas Dianas de los parques ducales;
los cuellos de los cisnes,
las místicas estrofas de cánticos celestes
y en el sagrado empíreo la mano de las vírgenes.

Lirio, boca de nieve donde sus dulces labios
la primavera imprime:
en tus venas no corre la sangre de las rosas pecadoras,
sino el licor excelso de las flores insignes.

Lirio real y lírico
que naces con la albura de las hostias sublimes,
de las cándidas perlas
y del lino sin mácula de las sobrepellices:
¿Has visto acaso el vuelo del alma de mi Stella,
la hermana de Ligeia, por quien mi canto a veces es
   tan triste?

(1893)

MARGARITA

In memoriam...

¿Recuerdas que querías ser una Margarita
Gautier? Fijo en mi mente tu extraño rostro está,
cuando cenamos juntos, en la primera cita,
en una noche alegre que nunca volverá.

Tus labios escarlatas de púrpura maldita
sorbían el champaña del fino baccarat;
tus dedos deshojaban la blanca margarita,
"Sí... no... sí... no..." ¡y sabías que te adoraba ya!

Después ¡oh flor de Histeria! llorabas y reías;
tus besos y tus lágrimas tuve en mi boca yo;
tus risas, tus fragancias, tus quejas eran mías.

Y en una tarde triste de los más dulces días,
la Muerte, la celosa, por ver si me querías,
¡como a una margarita de amor te deshojó!

(1894)

MÍA

Mía: así te llamas.
¿Qué más armonía?
Mía: luz del día;
Mía: rosas, llamas.

¡ALELUYA!

A Manuel Machado

Rosas rosadas y blancas, ramas verdes,
corolas frescas y frescos
ramos, ¡Alegría!

Nidos en los tibios árboles,
huevos en los tibios nidos,
dulzura, ¡Alegría!

El beso de esa muchacha
rubia, y el de esa morena,
y el de esa negra, ¡Alegría!

Y el vientre de esa pequeña
de quince años, y sus brazos
armoniosos, ¡Alegría!

Y el aliento de la selva virgen,
y el de las vírgenes hembras,
y las dulces rimas de la Aurora,
¡Alegría, Alegría, Alegría!

¡CARNE, CELESTE CARNE DE LA MUJER!

¡Carne, celeste carne de la mujer! Arcilla
—dijo Hugo—, ambrosía más bien, ¡oh maravilla!,
la vida se soporta,
tan doliente y tan corta,
solamente por eso:
¡roce, mordisco o beso
en ese pan divino
para el cual nuestra sangre es nuestro vino!
En ella está la lira,
en ella está la rosa,
en ella está la ciencia armoniosa,
en ella se respira
el perfume vital de toda cosa.

Eva y Cipris concentran el misterio
del corazón del mundo.
Cuando el áureo Pegaso
en la victoria matinal se lanza
con el mágico ritmo de su paso
hacia la vida y hacia la esperanza,
si alza la crin y las narices hincha
y sobre las montañas pone el casco sonoro
y hacia la mar relincha,
y el espacio se llena

de un gran temblor de oro,
es que ha visto desnuda a Anadiomena.

Gloria, ¡oh Potente a quien las sombras temen!
¡Que las más blancas tórtolas te inmolen!

¡Pues por ti la floresta está en el polen
y el pensamiento en el sagrado semen!

Gloria, ¡oh Sublime, que eres la existencia
por quien siempre hay futuros en el útero eterno!
¡Tu boca sabe al fruto del árbol de la Ciencia
y al torcer tus cabellos apagaste el infierno!

Inútil es el grito de la legión cobarde
del interés, inútil el progreso
yankee, si te desdeña.
Si el progreso es de fuego, por ti arde.
¡Toda lucha del hombre va a tu beso,
por ti se combate o se sueña!
Pues en ti existe Primavera para el triste,
labor gozosa para el fuerte,
néctar, ánfora, dulzura amable.
¡Porque en ti existe
el placer de vivir hasta la muerte
ante la eternidad de lo probable!...

BALADA EN HONOR
DE LAS MUSAS DE CARNE Y HUESO

A G. Martínez Sierra

Nada mejor para cantar la vida,
y aun para dar sonrisas a la muerte,
que la áurea copa en donde Venus vierte
la esencia azul de su viña encendida.
Por respirar los perfumes de Armida

y por sorber el vino de su beso,
vino de ardor, de beso, de embeleso,
fuérase al cielo en la bestia de Orlando,
¡voz de oro y miel para decir cantando:
la mejor musa es la de carne y hueso!

Cabellos largos en la buhardilla,
noches de insomnio al blancor del invierno,
pan de dolor con la sal de lo eterno
y ojos de ardor en que Juvencia brilla;
el tiempo en vano mueve su cuchilla,
el hilo de oro permanece ileso;
visión de gloria para el libro impreso
que en sueños va como una mariposa,
y una esperanza en la boca de rosa.
¡La mejor musa es la de carne y hueso!

Regio automóvil, regia cetrería,
borla y muceta, heráldica fortuna,
nada son como a la luz de la luna
una mujer hecha una melodía.
Barca de amar busca la fantasía,
no el *yacht* de Alfonso o la barca de Creso.
Da al cuerpo llama y fortifica el seso
ese archivado y vital paraíso;
pasad de largo, Abelardo y Narciso:
¡La mejor musa es la de carne y hueso!

Clío está en esta frente hecha de aurora,
Euterpe canta en esta lengua fina,
Talía ríe en la boca divina,
Melpómene es ese gesto que implora;
en estos pies Terpsícore se adora,
cuello inclinado es de Erato embeleso,
Polymnia intenta a Calíope proceso

por esos ojos en que Amor se quema.
Urania rige todo ese sistema:
¡La mejor musa es la de carne y hueso!

No protestéis con celo protestante,
contra el panal de rosas y claveles
en que Ticiano moja sus pinceles
y gusta el cielo de Beatrice el Dante.
Por eso existe el verso de diamante,
por eso el iris tiéndese, y por eso
humano genio es celeste progreso.
Líricos cantan y meditan sabios
por esos pechos y por esos labios:
¡La mejor musa es la de carne y hueso!

ENVÍO

Gregorio: nada al cantor determina
como el gentil estímulo del beso;
gloria al sabor de la boca divina:
¡La mejor musa es la de carne y hueso!

(1907)

POR UN MOMENTO, OH CISNE, JUNTARÉ MIS ANHELOS

Por un momento, oh Cisne, juntaré mis anhelos
a los de tus dos alas que abrazaron a Leda,
y a mi maduro ensueño, aun vestido de seda,
dirás, por los Dioscuros, la gloria de los cielos.

Es el otoño. Ruedan de la flauta consuelos.
Por un instante, oh Cisne, en la obscura alameda
sorberé entre dos labios lo que el Pudor me veda,
y dejaré mordidos Escrúpulos y Celos.

Cisne, tendré tus alas blancas por un instante,
y el corazón de rosa que hay en tu dulce pecho
palpitará en el mío con su sangre constante.

Amor será dichoso, pues estará vibrante
el júbilo que pone al gran Pan en acecho
mientras un ritmo esconde la fuente de diamante.

¡ANTES DE TODO, GLORIA A TI, LEDA

¡Antes de todo, gloria a ti, Leda!,
tu dulce vientre cubrió de seda
el Dios. ¡Miel y oro sobre la brisa!
Sonaban alternativamente
flauta y cristales, Pan y la fuente.
¡Tierra era canto, Cielo sonrisa!

Ante el celeste, supremo acto,
dioses y bestias hicieron pacto.
Se dio a la alondra la luz del día,
se dio a los búhos sabiduría.

y melodías al ruiseñor.
A los leones fue la victoria,
para las águilas toda la gloria,
y a las palomas todo el amor.

Pero vosotros sois los divinos
príncipes. Vagos como las naves,
inmaculados como los linos,
maravillosos como las aves.

En vuestros picos tenéis las prendas,
que manifiestan corales puros.
Con vuestros pechos abrís las sendas
que arriba indican los Dioscuros.

Las dignidades de vuestros actos,
eternizadas en lo infinito,
hacen que sean ritmos exactos,
voces de ensueño, luces de mito.

De orgullo olímpico sois el resumen,
¡oh, blancas urnas de la armonía!
Ebúrneas joyas que anima un numen
con su celeste melancolía.

¡Melancolía de haber amado,
junto a la fuente de la arboleda,
el luminoso cuello estirado
entre los blancos muslos de Leda!

ÍNDICE

Prólogo de Guillermo de Torre   7

I *Poemas cardinales*   53

   Año Nuevo   55
   Era un aire suave   56
   Divagación   59
   Sonatina   64
   Responso a Verlaine   66
   Canto de la sangre   68
   El reino interior   69
   A los poetas risueños   72
   El cisne   72
   Por un momento oh cisne   73
   Blasón   74
   Yo soy aquel   75
   Salutación a Leonardo   79
   Marcha triunfal   82
   Canto de esperanza   84
   El canto errante   85
   Metempsicosis   87
   Los motivos del lobo   88
   La canción de los pinos   93
   ¡Eheu!   94

II *América*   97

   Caupolicán   97
   Walt Whitman   97
   Del campo   98
   Tarde del trópico   99
   ¿Qué signo haces, oh cisne...?   100
   Sinfonía en gris mayor   102
   Canción de carnaval   104

Desde la pampa   106
En elogio del Sr. Obispo de Córdoba
   Fr. Mamerto Esquiú, O. M.   109

Intermezzo tropical

I Melodía   111
II Vesperal   111

Momotombo   112
A Cólon   115
A Roosevelt   117
Salutación al águila   119
Retorno   122
A Amado Nervo   125
Canto a la Argentina   125
Oda a Mitre   131

III *España*   135

Campomar   137
Elogio de la seguidilla   137
La gitanilla   139
Cyrano en España   140
Al rey Oscar   142
Cosas del Cid   144
Dezires, layes y canciones   146
Dezir   146
Lay   147
Canción   148
Fin   149
Que el amor no admite ciertas reflexiones   149
Loor   150
Fin   151
A maestre Gonzalo de Berceo   151
Salutación del optimista   152

Retratos

I   154
II   155

Treból 156
Un soneto a Cervantes 158
A Goya 158
Letanía de nuestro señor Don Quijote 160
Soneto autumnal al marqués de Bradomín 163
Soneto 164
Balada laudatoria 165
Envío 166
A Juan Ramón Jiménez 166
Antonio Machado 167
Valldemosa 168
La cartuja 169
Los olivos 172
Gaita galaica 173

IV *Intimidad* 175

Yo persigo una forma 177
Ama tu ritmo 177
Spes 178
De otoño 179
¡Torre de Dios! 179
Divina Psiquis 180
Canción de otoño en primavera 182
Lo fatal 184
Poema del otoño 185
Nocturno 192
Nocturno 192
Nocturno 193
Melancolía 194
Filosofía 195
Ay, triste del que un día 195
Canción de otoño a la entrada del invierno 196
Epístola 197
A Francisca 205
A Phocas el campesino 209

Lo vital. Eros   211

El poeta pregunta por Stella   213
Margarita   214
Mía   214
Dice mía   215
Heraldos   216
Amo, más   216
¡Aleluya!   217
¡Carne, celeste carne de la mujer!   218
Balada en honor de las musas de carne y hueso   219
Envío   221
Por un momento, oh cisne, juntaré
  mis anhelos   222
¡Antes de todo, gloria a ti, Leda!   222

Impreso en Erre Eme S.A. en el mes de octubre de 1996
Talcahuano 277 - 1013 Buenos Aires
Telefax: 01-382-4452/1931